靜靜的山

Life at Altitude

王 靜

著

目錄

序言
我隊裡的小女子

羅塞爾·布裡斯（Himalayan Experience 登山探險公司創始人）

　　我第一次遇見王靜，是在瑪納斯魯峰的大本營。在我眼裡，這是一位身材嬌小，面容秀麗，散發著自信氣息的中國女性。我當時想，她在接下來的攀登裡會有得受了。可是幾天後，我不僅獲知她登頂的消息，還得知，她在登頂當天就返回了大本營。

　　此後，我沒想過會再遇見王靜。攀登結束後，她返回北京，我回到法國。所以，2009 年當她再次與我聯繫說想參加珠峰攀登時，我深感意外。

　　也就是在這次珠峰的攀登過程中，我開始瞭解這個女人。我發現，這個看上去很含蓄的女人，在工作中卻有著比登山更強的能力。有時，在基礎的海拔適應訓練中，她會顯得稍稍有點不情願，但在登頂日，卻能釋放並展現出不可思議的能量，

並且總能做到讓最後的登頂看起來相對簡單。

我們已經共同經歷過了好幾次攀登，我也對這位有趣的女士有了更深的瞭解。她不僅是一位登山家，也是一位聰慧的企業家。她與先生共同創立的公司，已經從一家生產帳篷的小公司發展到目前有著來自市場各方面需求的一家巨型企業；但同時，當她不在世界各地遊歷時，她也是一位悉心照料兩個可愛女兒的母親。她對探險的熱愛以及如何在現實生活中平衡出時間來實現她的追求，給我留下了深刻的印象。

更讓我敬佩的是，王靜對那些比她更需要幫助的人的關心，以及她對環境的思考和行動。不論是在中國、尼泊爾或者世界上的其他國家，她都樂於與大家分享自己對環境污染以及山峰保護的理念，而分享之外，她更積極地參與不同的公益及環保活動去傳遞這些理念，所有這些，不僅讓我們對此有了更深的認識，同時也向人們傳遞著正能量。

能遇見王靜，是我的幸運。我們不僅在山裡一起攀登，也在會議室裡一同工作。我從王靜身上學到了很多，並且我也相信，在你們翻閱這本書的時候，你們也能更多地瞭解她以及她對生命的感悟，同時，也將對登山者有更深的瞭解。

序言
山路上的成長

盛發強（探路者公司創始人）

　　1993 年我下海去了廣西北海，在騎單車跑印刷業務的時候偶遇王靜，她發亮的腦門兒讓我怦然心動，幾個月後我們相戀了。隨後，她加入了我剛創立不久的小小的創業團隊。做印刷業務一年後，我倆在新技術展覽會上發現了一項帳篷專利，然後就一猛子扎進了戶外用品這個新興消費品行業。

　　一起創業的日子雖過得艱辛，但也調和著相知相伴的甜蜜：到江蘇泗陽學技術時饞嘴的燒鵝飄香，北海銀灘擺地攤時難熬的似火驕陽，展會推銷萬里行的酸甜苦辣……再後來，我們遷址北上來到北京的香山腳下，創業之路開始漸走漸寬。一路走來，小我六歲的靜靜，在我眼裡就是個倔脾氣的小辣椒，但心眼不錯，聰明能幹，刀子嘴豆腐心，關鍵時刻總能支持你。

2007 年年初，我和王靜一起創立的探路者公司七歲了。「非典」之後的幾年裡，戶外活動從萌芽逐漸走向普及，公司呈現出野蠻生長的趨勢。但與此同時，公司管理開始有些捉襟見肘：產品設計、品質控制、品牌塑造和市場行銷，相比公司早期時，都面臨更大的挑戰。我們遭遇了一般快速發展的家族企業都會面臨的人才瓶頸期。

有一天晚飯後，我找靜靜談心：「靜，要不你從副總經理的位置上退下來，讓給外聘的經理人吧？公司裡面家庭氣氛淡下來，他們才好發揮啊。你不是正好也有時間圓自己的大學夢了嗎？還能有更多時間多照顧下兩個女兒，你說呢？」靜靜想了幾天，同意了。畢竟，從我們一起去購買帳篷專利技術那天起，她就在產品方面挑大樑，一時間放下這一攤子事兒，還真有些難以適應。

沒過多長時間，臨近那年春節的一天，靜靜興沖沖地跑來對我說：「春節期間有個去非洲的登山隊，我可以參加嗎？」就這樣，她跟著王勇峰隊長組織的登山隊去了非洲的吉力馬札羅，自此，靜靜與雪山結下了不解之緣。

讓我感到意外的是，高海拔登山像個魔術師，七年來一點點改變著這個昔日有點任性、做事一根筋的小女人。或者說，登山對「飛雪靜靜」就是一種修煉。大自然的瑰麗雄偉、雪山

的海拔拉寬了她的視野，她看問題比以前全面得多，也更有深度了。我們也還像以前那樣為一些事情吵吵鬧鬧，但我明顯感覺到她來自內心世界的變化。每一次歸來，都能感受到她的超越——對自己昨天的超越。雪山的靜謐和山友間的交流，也讓靜靜學會了對社會更多地思考，除了產品的專業性，她掛在嘴上的常常是低碳、環保，還有公益、公益基金會等等話題。有一天她來找我，說要創建綠色辦公室，還拿出了一篇推動辦公室環保行動的環保宣言。我說，好啊，這是好事，馬上全公司推行！心裡暗自想，靜靜真的已經很有社會責任心了，有高度了，再不能像以前那樣隨便應付了，呵呵。登山回來，靜靜也比以前更有愛心了，她跟倆女兒聊起天來，也能柔聲細語說很長時間的悄悄話了。

為了體驗登山的魔力，也為了寫這篇序，今年 2 月份，我們一家四口踏上了「重返吉力馬札羅」之路，往返九十六公里的徒步下來，我終於發現了登山的魔力所在：登山就是開發自己潛能的過程，當你身體內部的力量被調動起來的時候，腦內啡讓你更加樂觀、自信，樂於學習和樂於分享。生命在於運動，原來如此。

感謝雪山，祝福靜靜。

靜靜的山

前言
跨越巔峰

邁上最後一步，我站上了 8844 公尺的世界之巔。

向前俯瞰，遠處是廣袤的西藏大地，環顧四周，是一座座峰尖雲海。但我卻沒有想像中的絲毫興奮，心中有些茫然……

下方的隊友仍在奮力向上挪動，看著他們彎曲攀爬的身影，此刻的我，竟然一陣莫名的心酸湧上心頭……

有多少人只為站在這裡，經歷了難以言說的艱辛與磨難，甚至付出了生命！

這一刻，只為站在這裡。

地球上海拔超過 8000 公尺的山峰共有十四座。從 2007 年到 2013 年，我有緣與其中的七座在頂峰相遇。一次又一次地站在峰頂，我不明白自己為什麼會作出了這樣的選擇，為什麼一直還走在這條路上？

沒有答案。

我，只是聽從了心的召喚。

開始高海拔登山前，我爬過的最高的山是北京的香山。兒時更不知道，世界上的最高峰有 8000 多公尺，也不知道它們都叫什麼名字。起初，登山時，我只是想試一試，把這當做一次難得的長途旅行，說走就走，說幹就幹，沒有多想。

登山如此，人生也是一樣。你選擇了怎樣的生活，就會有怎樣的困難需要克服。在途中，除了收穫，還會面臨很多意想不到的重重考驗，但因為那是你自己的選擇——既然已經做了選擇，你還有退路嗎？

沒有，唯一能做的就是堅持！

可能與不可能，都在於你曾經選擇過、努力過。

登山，是我在事業、家庭之外的選擇，但這個選擇卻是直面死亡的過程。

這本書中的文字，一次又一次把我拉入了生死回憶中……

為這本書整理照片時，我哭了……

我在四川資陽山村長大，是個地道的川妹子。爸爸是個本本分分的普通工人，我小時候，他在外地工作，一年也就回

家幾次。媽媽是村幹部，正直、能幹、樂於助人，一直在農村撫養四個孩子。我是家裡最小的一個，用四川話講就是「么妹兒」。夾在中間的三姐經常會對我念叨，「皇帝愛長子，百姓愛么兒」，以示對我這種天生的好運氣「不滿」。

小時候放學後，經常和小夥伴們一起放羊、爬樹、掏鳥窩、摘野果、編魚簍、在泥巴牆上亂畫，有時鄰居們玩笑般問我：「你媽媽給你吃的什麼啊？精神頭兒這麼足？」

現在想想，當年摘酸仔兒的勇敢、編魚簍的巧勁兒、泥巴牆上亂塗亂畫及當孩子頭兒的經驗，這些「本事」，後來在登山、設計戶外產品、公司管理上，好像還都派上了點兒用場。

幹的最危險的事兒是，差點掉到井裡淹死。六歲那年的一個仲夏中午，我和三姨五歲的小女兒在家附近找一種叫「地瓜兒」野果，這種指頭大的野果生長在鬆軟的土坡裡，成熟時會發出誘人的甜香，柔軟的果實有點像迷你無花果，只是「地瓜兒」生長在泥土裡。當我口渴得要命時，來到旁邊的一口井，水位很高，我扶著井沿探身想喝，結果一頭就扎了進去。等到全身濕透掙扎著從井口露出頭來，發現表妹已呆呆地站在井邊，我趕緊說：「掉進井裡的事兒，你千萬不能和其他人說。答應的話，我就把今天找到的地瓜兒都給你，回去我還可以給你搧扇子。」自己到現在都不知道，那麼窄的一口井，怎麼翻轉過

身子來的呢？後來，我聽了關於這口井的一個傳說，「這口井裡有條黑黑的巨頭黃鱔，有人只是見過從石縫裡探出的頭，從未見過全身。」與掉井裡這事相比，後來在卓奧友峰雪崩及 12 級風中的死裡逃生，對於我才是個真正的傳奇。

上初二時，我從農村轉學「進城」到爸爸工作單位的縣城邊上的子弟學校學習。那時的我，幾乎不會說普通話。當時我最怕的事是被老師提問，因為我的四川椒鹽普通話一出口就惹得同學們捂著嘴笑，而已經十四、五歲的我，總在同學們的笑聲中害羞得滿臉通紅。這讓我感受到農村和城市孩子的巨大差距，那時甚至有點自卑。

在我的印象中，二十幾歲前，我從來沒有讀過一本完整的小說和其他大部頭的書籍，四大名著也只是通過看電視才瞭解了情節。我當時讀書完全是為了應付考試，從小學到初中，只願意啃一科語文書，其他的文科書幾乎從來不看。但我的理科成績一直不錯，記得畢業考試數學就漏寫了一個「解」字，沒有得到滿分。

與從書本中獵取知識相比，周圍的生活環境似乎給我的經驗更直接，讓我學到的東西更多。縣城兩年子弟學校的初中生活，彷彿為我打開了一扇大門，讓我看到了山村之外的另一個世界。我模模糊糊地覺得，縣城之外，一定還有更大的世界，

心中暗暗地滋長出了一種渴望，渴望飛向更自由更廣闊的空間。

　　初中畢業後，大多數同學都選擇了繼續讀高中、准備考大學，我就讀了子弟校的幼師班，因為再讀三年書就可以工作，當老師。但學業還未完成，我就背著爸媽偷偷去參加了一次到外地工作的面試，沒想到，五十幾人報名，我是被錄取的十三人之一。我決定不繼續讀書要外出打工，父母得知極力反對。我們家雖然經濟條件不好，可還不至於吃不上飯，更不至於讓么妹兒外出打工掙錢，可是我覺得這次工作機會很難得，我想出去闖闖，毅然放棄了媽媽認為將來可以端上「鐵飯碗」的幼師學習，決定外出工作。

　　坐在離開家的大巴車上，媽媽送我時一直抹著眼淚的背影刻骨銘心地留在了我記憶深處，至今回想起來，我還會感動得眼淚直打轉。大巴開動，這是我出生長大十幾年，第一次離開資陽縣城，第一次坐火車，第一次離開家。從此我結束了校園生活，開始了千里之遙的人生旅程。

　　我這一走，就到了廣西北海。

　　第一份工作是餐廳服務員，端盤子。

　　在北海，我認識了盛發強。

　　發強大學畢業不長時間，自己砸了鐵道部第一勘測設計院的「鐵飯碗」下海，一開始在印刷公司跑業務，半年後創立了

自己的印務公司，那時他二十五歲，是一個敢闖實幹的年輕人。他給我的印象就是真誠踏實，考慮問題總能抓住最本質的東西，有一股不怕苦不怕累的踏實勁兒。而他說，一眼看去就喜歡我，是因為相中了人群中我發亮的腦門兒。

我們相愛了。

我加入了他只有三個人的小公司。

當年北海碰巧舉辦過一次新技術博覽會。會上，我們看中了一個折疊式旅遊小帳篷的項目。發強學的是工程測量，對野外帳篷有一些認知。而我在山裡長大，爬高淌水，和戶外運動有著與生俱來的親近，我們對這項神奇的帳篷專利產生了共鳴，決定購買專利，並且一起去江蘇學習。

1994 年底，發強決定從做印刷業務轉型到開發旅行帳篷，我也就成了他的第一個員工。當時，整個公司其實就我們兩個人。本來預計學習製作帳篷的時間為一個月，結果花了一週的時間，第一頂帳篷很快就在我們手裡誕生了。從此，我們與戶外結下不解的情緣。

相識兩年後，我們結婚了。

1998 年我們決定到北京發展。於是，1999 年 1 月 11 日，探路者在香山腳下巨山農場兩排低矮的舊平房裡誕生了。

為了減少花銷，我們自己平整院子，粉刷房屋，挖沖水廁

所，燒暖氣，還在院子裡用磚砌了簡單的乒乓球台。當時缺少人手，每人都身兼數職：發強主外，既是總經理、業務員，又是送貨員；我主內，不僅手繪了探路者的第一個 LOGO，也縫製了探路者公司的第一頂帳篷，整個帳篷的製作流程，從設計到畫版、裁剪到縫紉、印染到組裝、訂製訂單的談判到交貨，我都親自帶頭參與。但在所有的工作中我更享受做設計師的角色，每次親手縫製一款新帳篷就像創作了一件新的作品。我經常沉迷於這樣的創作中，時而興奮不已。

那時的探路者大家庭，真的像一家人，大家在一口鍋裡吃飯，一個院子生活，辛苦的工作之餘，在小院子裡打乒乓球、跳繩、踢毽子，週末常常一起爬香山，這是當時最好的休閒娛樂。

2004 年我們在宏福創業園修建了自己的辦公樓和倉庫，公司走上了規模化發展之路。2009 年，公司在發強的帶領下成功上市，成為首批登陸中國創業板的二十八家公司之一。如今探路者已是從一頂帳篷發展到市值幾十億的戶外行業領軍企業。十多年來，夢想與艱辛相伴，愛情與事業交織，我們就這樣一路走來。

這十多年來，我結婚、生子、創業、登山、救援、念書學習、公益環保……這種種選擇，起初似乎都充滿了偶然。但漸漸地，這些選擇所帶來的變化已成為我生活和生命中的一部分。這裡

面蘊含著我對自然、生命和這個世界的理解。

　　2007 年一次休年假的偶然機會，我與雪山結緣。登山期間有一些閒暇時間，我開始買一些自己喜歡的書帶進山，慢慢翻閱。因為山，我開始寫日記；因為山，我才體會到看書的真正樂趣；因為山，我愛上了拍攝，因為山，我理解了大愛……

　　也因為山，我領略到山上山下、山裡山外的很多不一樣的東西。

　　但山就在那裡，遠近高低，皆由人。

　　2010 年 5 月 22 日早晨 6 點 5 分，我從尼泊爾珠峰南側登頂珠峰。

　　珠峰是世界之巔，但它的高度終究可以丈量。而生命所能創造的高度永遠都超乎想像。實現人生價值的方式有很多種，只要努力「攀登」，步步超越自己，人人都能到達自己的人生之巔。

引言
我還回得去嗎？……

通往 Gorakshep 方向的山脊在陽光的照射下閃爍出幽冷的光澤……今天是我們登頂珠峰前的最後一次拉練，也是我唯一沒有完成訓練任務的一天。在布滿冰雪和墳堆的山脊上，我上升到一半就脫離了隊伍，一個人橫切到半山腰的墳堆前……

我呆呆地坐在那裡，遠方在我漸漸模糊的淚眼裡突然失去了方向。有很長一段時間，我的腦子裡一片空白。那些長眠在雪山之中登山者的靈魂，是否棲息在我身邊的這些瑪尼堆裡？他們在生命的最後一刻，是否也會想到了「回家」？

我為什麼要登山？

我一遍又一遍地問自己——

我還回得去嗎？

回家吧？

　　此時我已經遠離了北京，遠離了那個有丈夫有女兒有爸媽有香噴噴飯菜溫暖的家，遠離了那間溫馨明亮可以看見西山風景的頂層辦公室，來到這個寂靜而讓我一直嚮往的雪山世界。一步一步，腳踏實地地在遍布死亡陷阱的冰天雪地裡穿行，為的是觸摸夢中的雪域之巔——

　　這裡有我的夢。

　　4 月初，我進駐了珠峰南坡大本營。登頂之前，一直是適應性訓練和休整。

　　登山者的眼中，除了山，就是登山的那些人。山在上面，人在身邊。所以，平日在大本營，我們關注最多的就是身邊的登山者。

　　攀登後山的一位攀登者受了傷。我從望遠鏡裡看到，他被裝進橘紅色的急救袋裡，被捆在了擔架上面。他的傷勢應不輕。後來聽說，他是多處骨折，不能行走了。

　　即將攻頂前，傳來了一個噩耗。

　　5 月 14 日一大早，我還沒從帳篷裡爬起來，就接到一個短信——攀登海拔 8167 公尺的世界第七高峰道拉吉里峰的中國隊員發生了山難，曾經和我一起攀登過卓奧友峰的隊友機長李斌確定遇難。後來又得知，探路者公司的一位七年多的代理商韓

昕和另外一位山友也在遇難名單中，此外還有數人受傷。這個消息一直揪痛著我的心，不敢相信這是真的，隊友鮮活的面孔還一直在我眼前晃動。

攀登珠峰前，我和李斌通過一次電話，囑咐對方要注意安全，一定要好好活著回來。李斌是飛機機長，家在深圳。那一次我去深圳聯繫他時，他當班正飛杭州，沒有機會見面。他在電話裡還埋怨我：「你兩次來深圳都不提前告訴我。」

「時間太短，下次來我一定提前告訴你，我還沒有見過飛機機艙是什麼樣？等著坐你開的飛機呢。」

「只要你提前告訴我，坐我開的飛機，我親自帶你到機艙去看看。」

他的話不斷在耳邊迴響，在卓奧友大本營並肩跳舞的情景也浮現在了腦海裡。那天，空中飄落著大片雪花，像似與大家一起共舞。機長伸出手讓我接唱的場面就在眼前，那張面帶笑容的臉一直在眼前揮之不去。我們好像剛剛擦肩而過，可是，今天他卻永遠留在了雪山上。我整天眼睛哭得紅腫，無法面對這個事實、無法相信這是真的！

我無法接受發生了這樣的意外。

下午，我們一起為遇難的山友堆了一個九層瑪尼堆，正對著遠方他們攀登道拉吉里山峰的方向。

　　不停地接到家人、朋友的短信和電話，知道我正在珠峰登山的朋友都關心我的安全，家裡人更是坐立不安。我叮囑發強，千萬不要讓爸媽知道這件事。他勸我：「要不就別登了，回家吧！」

　　一句「回家吧」，讓我的心驟然一縮，愈發傷感，眼睛裡一直淌著眼淚……

　　面對一座接一座的瑪尼堆，一個又一個獻祭給雪山的靈魂，想不出自己為什麼要來登山。

　　內心一遍又一遍地問自己——

　　我還回得去嗎？……

在卓奧友大本營，空中飄落著大片雪花，像是與大家一起共舞。左起：柏昆、李斌、
華仔、王靜、楊春風。

海拔 5895 公尺
攀登紀錄
2007 年 2 月 21 日 09:20（坦尚尼亞時間）登頂

吉力馬札羅，海拔 5895 公尺，南緯 3° 4' 33"，東經 37° 21'12"，非洲最高峰，素
有「非洲屋脊」之稱。山腳一片熱帶風光，山頂冰峰積雪，被譽為「赤道上的
白雪公主」。山腰以上常雲遮霧繞，恍若「公主」神秘的面紗。

只緣此山中
2007 吉力馬札羅

天漸漸亮了，海拔 5681 公尺以上不在是乏味的塵土，我意識到自己正身處白茫茫的雪域之中。幾十分鐘之前，我站在陡峭的山路上停下來歇息的時候，那種胳膊在登山杖上都能昏睡過去的疲憊感覺，突然之間消逝得無影無蹤了。嚮導告訴我，前面就是山頂了。

　　2007 年 1 月，在非洲的坦尚尼亞，我第一次真正接觸雪山，嘗試攀登非洲第一高峰——吉力馬札羅。

　　吉力馬札羅是非洲最高峰，位於坦尚尼亞東北部，鄰近肯亞，距離赤道僅三百多公里。如果不是親眼目睹，我難以想像，在赤道附近居然還有這樣一座常年覆蓋著冰雪的高山。同是一座山，山下的氣溫高達攝氏 40 度，而峰頂卻可能低於零下攝氏 20 度，山上山下溫差將近攝氏 60 度。這個「赤道雪峰」可謂名副其實。

　　遠遠望去，吉力馬札羅在遼闊的東非大草原上孑然獨立，孤單卻又生機盎然地營造出一片獨特的地理風貌。從山腳到山頂，吉力馬札羅神奇地構築出多層景觀。靠近山腳的一層是熱帶雨林，其中夾帶著的綠色草原，給我的第一印象就是《獅子王》裡日出、日落的美好景象；再往上是茂密的森林；3000 多公尺出現熱帶低矮植被；4000 公尺以上是大片的高原荒漠；再往上是火山岩和長長的碎石坡；而 5600 公尺以上是雪線的起端，以前常年的積雪一直覆蓋到頂峰，現在冰雪正在慢慢消融。2013 年春節，我們全家到吉力馬札羅，山頂已無積雪。集納了諸多景觀層次的吉力馬札羅，就像一位頭戴白色絨帽、身著長裙、腰繫佩帶、綠裙上點綴著五彩斑斕裝飾的仙女，在清澄蔚藍的天宇之間翩翩起舞。

　　我自小生長在四川的山村資陽，它位於四川盆地中部。號稱「天府之國」、「萬山之都」的四川盆地之外有很多雪山。但工作之前，我從未出過家鄉的縣城。山裡的一草一木都是那麼的親切，家鄉山村的四周是丘陵地帶，霧氣瀰漫的時候，迷離的霧氣從谷地升起，構成虛無縹緲的飄雪意境。兒時，心中所有對雪山的渴望和認知，都源於想像，甚至在冬天看到空中偶爾飄起的小片雪花都會興奮不已，對漫天飛雪的景象充滿了無限嚮往……

　　在攀登吉力馬札羅之前，我一點登山經驗都沒有。探路者公司在北京香山初創時，我和公司的兄弟姐妹們偶爾去爬爬香山，唯一一次和登山沾點邊兒的活動，是爬過河北的小五臺山。所以，我對自己的這次「最高峰」雪山攀登完全沒有把握，但也不想給自己什麼壓力。心想，就當是一次長途旅行，對於當時的我，這可是從小到大最長最奢侈的一次旅行。

　　登頂那天，夜裡12點就出發了，四周一片漆黑。行進中的每一個人都戴著頭燈，從隊伍後面望過去，點點燈光就像近在咫尺的星星一樣，不停地閃爍，緩緩移動。一路上，不時遇到來自其他國家的登山隊員，大家都默不作聲，「享受」著高海拔缺氧狀態的機械行進。走了大約兩個小時，劇烈的頭疼伴著嚴重的頭暈開始襲來……第一次，我感受到了高山反應的強勁

威懾力。

　　剛開始走的時候，我還偶爾抬頭看看前面移動的「星星」——這些「星星」是登山者發光的頭燈形成的景象。不久後，我再也不敢抬頭看了，因為每一次看完，都感覺雖然走了很久，可是與前面「星星」的距離一點沒有變化，幻想中的山頂還是那麼遙遠。我竭盡全力跟上前面隊友的腳步，艱難地邁著步子，心裡默語著：「我必須緊跟著，不能掉隊……」頭疼得像針扎，行走時吸入的空氣有股火山碎石的塵灰味。劇烈的頭疼導致腳下被碎石磕絆的次數逐漸多了起來，山坡變得越來越陡了。我真怕自己在嚴重的頭痛中暈過去，在黑暗中順著碎石滾落到崖壁底下，緊張得身體中的每個細胞都在疼痛中被調動了起來。

　　缺氧、頭疼、噁心，「高反」讓我感到從未有過的痛苦和疲憊。在短暫的站立休息時，我手趴著登山杖作支撐，感覺閉上眼睛馬上就能睡過去。每當歇息時，嚮導都會立即搖搖提醒我不要睡過去，休息片刻，再繼續攀登。

　　大約在凌晨 6 點 30 分的時候，我們到達了海拔 5681 公尺吉力馬札羅的「小頂」，從這個地方開始往上就是雪線了。在這個高度，氣溫已經達到攝氏零下 10 度左右，缺氧加上越來越

吉力馬札羅徒步。

缺氧、頭疼、噁心，「高反」讓我感到
從未有過的痛苦和疲憊。

探路者公司初創時期位於北京香山的辦公地。

冷，讓我的頭也越來越疼，就像孫悟空戴了個緊箍咒，不知如何才好。我無助地望向遠方，太陽正在慢慢地升起，金色的陽光穿透淡藍色的天幕。但是我根本來不及欣賞，只是全力以赴地走向最後 200 多公尺覆蓋冰雪的頂峰。

天徹底亮了。海拔 5681 公尺以上的吉力馬札羅不再是乏味的碎石塵土，而是白茫茫的冰雪。不遠處就是山頂了。儘管陡峭的雪坡更難行走了，但此時我的心情反倒輕鬆了許多，似乎忘記了頭疼，人漸漸變得興奮起來，我緊跟在當地嚮導身後，漸漸和隊友拉開了距離。我感覺不遠處的山頂清晰可見。可是等走到跟前才發現，那並不是山頂，山頂還隱藏在後面。

就這樣，不停地行進，在反復的驚喜和反復的失望之中，伴著劇烈的頭疼，終於在上午 9 點 20 分到達了頂峰。大約過了半小時，後面的隊友也陸陸續續登上了山頂，其中一名隊友到達山頂時直接躺倒在雪地裡，久久沒有起來。我想，此時，無論是躺著還是站著，都是每個人最享受的時刻。

山頂的風很大，我等大家到齊後匆匆合影留念，然後迅速下撤。兩個小時後，安全回到了海拔 4700 公尺的營地。國家登山隊隊長王勇峰是這次登山活動的領隊，他一直在營地附近巡視，焦急地等待第一梯隊的隊員能夠安全下撤返回，遠遠看見我下來了，迎了上來。

吉力馬札羅

王隊長滿臉的笑容流露出關切：「祝賀成功登頂！」

還沉浸在登頂的喜悅中的我，氣喘吁吁而又不假思索地對他說：「隊長，我要跟你去珠峰！」

王隊長明顯地愣了一下，然後掩飾著內心的驚奇，嚴肅地反問我：「8844？開玩笑吧？登山得慢慢來，得有個過程！」

此時的我，快樂得似乎已經完全忘記了登頂路上劇烈的頭疼。回到營地帳篷中，我已經毫無睡意。我和王隊長說，我想和第二梯隊再登一次頂。從他吃驚的表情裡我讀出，這想法太天真了。

吉力馬札羅海拔不足6000公尺。登頂過程中，我已吃盡了劇烈頭疼、頭暈和難以忍受的噁心的苦頭，身體極度疲憊，每一步都似乎已超越了自身的極限。但是第一次攀登雪山的成功帶給了我自信：在隊伍裡出人意料地第一個登頂，讓我有了再次嘗試攀登更高山峰的勇氣。第一次不經意說出登珠峰的願望，也使得潛藏在內心深處朦朧的珠峰夢變得清晰起來。

我感激這座非洲最高峰，並且從內心感到慶幸。因為，是它為我開啟了家庭、事業之外的一條新的人生之路。是它讓我主動選擇了一種從未想過的生活方式。這次攀登冥冥之中喚醒了我骨子裡一直沉睡的一種力量。

我不知道那是屬於對自由的嚮往，還是潛意識裡對平凡而

感激這座非洲最高峰，是它為我開啟了家庭、事業之外的一條新的人生之路。

規律的生活的一種反叛。但是，這次攀登已經埋下了一顆火種，使我感到血液裡有一種漸漸燃起的火焰，令人興奮不已。

海拔 8201 公尺
攀登紀錄
2007 年 9 月 24 日 10:50（尼泊爾時間）登頂

卓奧友，世界第六高峰，海拔 8201 公尺，北緯 28° 06′ 00″，東經 86° 39′ 00″，屹
立於喜馬拉雅山脈中部，東距世界之巔珠穆朗瑪峰 100 公里，其北側在中國西藏
自治區定日縣境內，南側屬於尼泊爾。「卓奧友」藏語意為「首席尊師」。

風雪夜歸人
2007 卓奧友

——

難道我就這樣沒了嗎？
雪崩來臨之時，除了這閃一閃而過的念頭，我真的什麼都沒
來得及想，攜帶巨浪之勢的白色雪龍瞬間已經席捲而下，我
隱約看見雪龍中不斷翻滾的的帳篷，心中萬念俱灰……

　　2007 年 9 月，我由西藏前往喜馬拉雅山脈，嘗試攀登第一座 8000 公尺級雪山——卓奧友。

　　再次來到拉薩，我不由得想起了 2005 年我第一次進藏的情形。那次我和發強因工作在拉薩停留了三天，任務是考察拉薩代理商拓展業務的情況。和往常的工作作風一樣，我們把三天的行程安排得滿滿當當。到拉薩的當天，就和代理商溝通，晚上接著開會、培訓，到夜裡 12 點才結束。第二天一早又去了一趟納木錯湖，結果下午回來就嚴重「高反」，頭疼得像針扎，噁心，從來沒有過地痛苦。當地朋友見到我的狀態，怕我身體出問題，堅持送我到醫院急診。可我想到已安排好的事不能因我狼狽不堪的「高反」而被耽誤，於是拒絕了去醫院。結果，在賓館的床上躺著吸了六個小時的氧氣，我才慢慢緩過來。

　　想起那次在 3600 多公尺的拉薩「高反」的痛苦，多少讓自己有些擔心這次進藏的狀態。這次攀登，前期需要徒步幾天，然後到達 5700 多公尺的 ABC 前進營地適應訓練。2007 年 9 月 9 日，我們到達 ABC 營地。營地在山腰上一個相對寬闊的地方。這裡有數支來自不同國家的登山隊，不同顏色的帳篷凌亂地紮在亂石堆裡。大本營周圍飄揚著經幡，它們在凜冽的風中啪啪作響，讓我想起大軍征戰前的戰旗——我曾經很長一段時間都很嚮往軍營生活，每當這時，心中都充滿著激情。

卓奧友大本營的打牌生活。

與新加坡女子隊交流合影。

　　在 ABC 前進營地的清晨，有時雪雞會在帳篷外面鳴叫。與這些雪山精靈近距離相處，是人與大自然最親近的時刻。中午陽光燦爛的時候，營地裡瀰漫著慵懶休閒的溫情，三三兩兩的隊員隨意靠在帳篷前，曬太陽、玩撲克、聊天。可營地旁邊不遠處，就是登山者為已經離去的隊友堆砌的瑪尼堆，那上面有用鋁鍋刻上字的簡易墓碑。此情此景，瑪尼堆的墓碑不僅沒讓人感到恐懼和悲傷，卻反而讓人產生了一種和逝者神交的親切，冥冥中好像不過是一場短暫的分別，象徵記憶的物證還在，心中依然保留著囑咐和寄託，彷彿逝去的人還在那裡，陪著後來者去探索那未知的雪山。

　　登山者通常把攀登卓奧友當成攀登珠峰之前的最好訓練，營地裡自然少不了來自世界各地的登山愛好者。對於像我這樣初次接觸 8000 公尺雪山的新手，能有機會和其他隊友交流彼此攀登雪山的經驗會是一個很好的學習機會。但這時的我幾乎不會英語，很遺憾無法去外國隊的營地拜訪交流。中國隊員分 A、

發高燒了，滿臉通紅，嘴唇卻是青的。

登山時職業登山家往往顧不上「形象」。　登山時我特別注意「形象」。

B兩隊，A隊5人，有邱子強（老邱）、王石、柏昆、黃宗華（華仔）、我。B隊由楊春風帶隊，隊員有李斌（機長）、丁雲怒（老丁）等。平時沒事時，A、B兩隊經常一起打牌、聊天。

在城市裡，我每天幾乎都是素面朝天，除非有正式活動，否則很少化妝。但在登山時，我反而特別注意「形象」，每天都需要塗抹保濕防曬霜，因為如果不這樣做，高海拔的強烈紫外線有可能兩、三個小時就讓人容顏盡毀。所以攀登的路上，我每天必做的一件事，就是做好防曬。每天我都會在臉上塗抹一層厚厚的防曬霜，然後用頭巾盡可能把臉遮擋得嚴嚴實實，通常只留一雙眼睛在外面，還戴上太陽帽和鏡片大大的太陽鏡，防止強紫外線的傷害。但一些有個性的男性隊員，願意把自己刻意曬成皮膚脫皮、嘴唇爆裂的登山家形象。每天都有人路過帳篷往前走。卓奧友就在前面，抬頭就能看見通往頂峰的路。在步履緩慢向上攀登的人群中，有一位只有一條腿的人，他挂著拐杖，一步一跳地往上攀爬著，動作機械而堅定。我默默地

看了半天，視線漸漸變得模糊。作為一個沒有經過任何專業訓練，幾個月前只登過吉力馬札羅的登山菜鳥，對於他如何失去了那條腿和與其相關的經歷和情感，我沒有多少積累可以揣度、掂量。但是，他的拐杖每一次敲擊地面的聲音，都彷彿重得讓我聽見整個山的迴響，讓我去想──登山的路，一定要走得這樣悲壯而義無反顧嗎？

心裡顫慄不安……

我沒有多想自己為何會來這裡，接到一個電話後說來就來了。攀登吉力馬札羅幾個月後，我意外地接到王隊長的一個電話，「你想登卓奧友嗎？」就這樣，沒有漫長的準備，沒有刻意的訓練，我意外也超前地，來到了喜馬拉雅，遇上了 8000 公尺的雪山。我沒有什麼雪山攀登經驗和負擔，我只希望自己在山裡的腳步走得更自在更輕鬆些。

但事實上，事情並不如我想像的那樣輕鬆。

山裡的適應性訓練一開始，我就感到了自己和其他隊員的巨大差距。

9 月 12 號上午，我們進行攀冰訓練，其他隊友完成訓練後陸續先走了。跟嚮導回營地的路上，我感覺自己快支撐不住了。訓練的地方距離營地並不遠，爬上一道小坡就能到，可是我挪到營地已經接近下午 3 點了。

　　我鑽進帳篷倒頭就睡。不大一會兒，陸續來了好幾個人，硬把我叫了起來。他們說此時不能睡，越睡情況會越糟糕。我被大家硬拉到公共大帳篷裡休息。我坐在那兒，呼吸困難。隊友華仔看我滿臉通紅，過來摸了一下我的腦門：「她發高燒了！」找來溫度計一量：39 度！隨隊的隊醫拿來冷毛巾敷在了我的腦門上，說可能是「高反」引起的發燒。我要回帳篷睡覺，但大家勸我還是留在公用大帳篷裡休息。因為沒經驗，頭天晚上開會我沒穿羽絨服，等感覺到冷的時候，已經晚了。我坐在那裡，一直搓腿，渾身都在打顫。回到帳篷裡，一整夜都沒睡好，半夜 2 點多被凍醒，感覺下半身一直冰涼冰涼的，我想這是我發燒的真正原因。

　　一進山，8000 公尺雪山就以這樣的方式，給了我這個沒經驗的菜鳥一個「熱烈」的回應。

　　我的「高反」狀況一直持續到第二天依然沒有改變。

　　早上隊友要去適應性訓練了，我渾身沒勁，幾乎爬不起來。攀登隊長阿旺到帳篷門口見我的狀態，建議我不用參加訓練，待在營地休息。我還是決定硬撐著起來和大家一起去。可是跟隊友一起走了十幾分鐘，我就跟不上了。頭暈暈的，四肢無力，越來越沉重，每走一步都很艱難。我想，這也是為什麼嚮導和所有隊友都不看好我能登頂的真正原因。

「你都成這樣了還堅持著，真不錯。」隨隊的高山廚師看到我說，他留下來等我，陪我慢慢聊天向前走。從上午 10 點半到下午 2 點，我才走了不到一半的路程，其他隊友已經開始返回了。我心裡一陣狂喜，在這個地方能遇到返回的隊友，心想，終於可以和隊友一起同路了。

誰知，返回營地的途中，我跟著隊友只走了一會兒，就很快又落到了後面，剛開始還有隊友回頭不停地鼓勵我跟上，可我實在走得太慢，跟不上，後來他們的背影離我越來越遠，不一會兒，隊友們徹底從我的視線裡消失了。

我又走了一段，洩氣地低下頭。突然，在眼前的石縫裡看到一叢白色棉絮狀的物體，周圍和中間都伸出褐色的羽狀乾枯的葉片。難道這就是被當地藏民譽為「雪山眼睛」的雪蓮？陪我一起走的廚師認出來，就是雪蓮。

我一下子精神了起來。它們居然能在如此惡劣的自然環境中生存，而我，為什麼不能？

第一次見到傳說中的雪蓮，除了欣賞，俗人都會閃現過據為己有的念頭。我從不同角度仔細端詳著它的每一個部位，然後又坐下來靜靜地看著。想起趕路，我告訴廚師：「我走得太慢，我先走吧。」「好，你先走，放心吧，我不會摘的。」聽了他這話，我反倒懷疑起來。後來，他在雪蓮旁邊的石頭上足足坐

了十幾分鐘，最後笑著兩手空空地追了上來。

回到營地，繼續發燒，頭暈，睡不好覺。我又挺過了一晚。

休息了一天之後，按計劃，大家開始向海拔 6400 公尺的 C1 營地進發。

看我爬起來，阿旺隊長細心地囑咐：「今天你能走多遠就走多遠吧。」我點點頭。上午 11 點，我提前一個小時出發。不久，大家就趕上並超過了我。留下高山協作羅布陪著我一步步向上走著。

真的太艱難了。

但是我始終沒有停下來。其他隊友下午早都到了，直到晚上 7 點，我才終於到達 C1 營地。

到了營地，我連取下背包的力氣都沒有了，倒在帳篷裡再也起不來了。代理隊長阿旺占堆為我測試了血氧含量。「只有 42！」他驚慌起來，但又馬上鎮定下來。我迷糊著問：「我發燒了？現在的狀態很糟糕吧？」他鎮靜地說：「沒事兒，多休息，多喝水。」後來他告訴我，他當時其實心裡很慌，因為從來沒有遇見過隊員血氧含量如此低的情況。

當時，我並不知道血氧含量 42 意味著什麼。事實上，這是一個非常危險的信號——血氧含量低至生命死亡線。一般情況下，在五、六千公尺的高海拔區域，攀登隊員的血氧含量通常

靜靜的山

雪山精靈──自由自在的雪雞。

一切都那麼安靜祥和。

高山雪蓮。

卓奧友 C1 營地。

在 65 以上才算基本正常。如果低於 55，出現腦水腫、肺水腫等高山疾病的機率就會迅速加大。以我那時的血氧含量和持續高燒不退，如果當時睡著了，呼吸會很淺，缺氧就會更嚴重，出現問題的機率成幾何倍數增大。

隊友華仔聞聲趕來，把我扶起來，阿旺占堆替我穿上高山靴，然後牽著我在營地慢慢地走著轉圈。到了晚上，我高燒不退，狀態更糟糕。隊長很不放心，晚飯後就搬進了我的帳篷，還準備了氧氣放在了帳篷裡，但一直沒有給我吸氧。我依稀記得，他幾乎一夜未睡，隔一會兒就把我叫醒，讓我喝水，因為喝水能有效減輕高原反應，提高血氧含量。可是我難受得厲害，一直到早晨才勉強喝下幾口熱水。

第二天是從 C1 到 C2 的適應性訓練，早晨大家吃過早飯都陸續出發了。整晚的高燒使我連爬起來的力氣都沒有。阿旺占堆說：「你今天就直接下撤吧？」「不，我想往上走走，走多遠算多遠，行嗎？」他把我扶了起來，替我穿上了高山靴，綁好冰爪和安全帶，檢查後把我交給了我的協作羅布，由他陪我朝 C2 營地前進。我大約只堅持走了一個半小時，腿就再也抬不動了，被迫開始返回。

太累了！在走這段路程的時候，我幾乎耗盡了所有的體力，每一步都在超越自己的極限，我渴望就此癱倒在雪地裡，再也

不用起來了。我問羅布今天我能不能住在 C1 營地，休息到次日早晨再下撤。他說不行，因為晚上大家必須全部下撤到 ABC 前進營地才能保證安全。按照他的要求，我在下午 1 點 10 分的時候提前下撤，很快，完成更高海拔訓練下撤的隊員就趕上並再次超過了我們。我整整比他們晚了兩、三個小時才回到 ABC 前進營地。

沒有能力和其他隊友同上同下，給我造成了巨大的心理壓力。

在經過一天的休整之後，我身體漸漸好轉。這天早上起來，茫茫大雪覆蓋了大本營，原來凌亂而擁擠的帳篷，在大雪之中變成了雪白的星星點點。雪雞在營地中間的帳篷邊上自由自在地覓食。它們「咕咕」叫著，與同伴歡快地嬉戲，一切都那麼安靜祥和。我的腦子清醒了很多，感覺清爽起來。我閉上眼睛，深深地吸了一口氣，嗅到了空氣中的清涼。遼闊無垠的雪山飄著雪花，這就是我兒時想像中的模樣。

再次睜開眼睛遠眺時，我驚訝地發現，視野裡出現了一道黑點連成的線！取下眼鏡，黑點仍存在。我趕緊找到隊醫問個究竟。隊醫安慰我：「大概是你昨天在路上摘掉了雪鏡，造成了輕微的雪盲症，休息後慢慢就會恢復。」「真的沒事嗎？」「應該不會有大問題，慢慢會好的。」我心裡還是擔心眼睛裡的那排小黑點不能散去。事實上，過了一週多，雪盲症狀才徹底消

失，這一直提醒著我，在高海拔地區不能輕易摘下雪鏡。

最後衝頂開始了。

這一次，從 ABC 大本營上到 C1，我只用了六個多小時，比上一次適應訓練時少用了三個小時，因此找回了一些信心。

第二天，從 C1 到 C2，海拔上升 600 公尺，我從早晨一直走到了晚上 7 點多，其他隊員比我提前三、四個小時就到達了。最後一段路程，很感激隊友老邱下來接我。他是 20 世紀 80 年代的出國留學生，現在是美國伯克利大學的物理教授，這次利用休假出來登山。在路上，他教會了我如何調節呼吸和手杖的合理使用以及怎樣才能有效地分配節約體能。這一天的路程對於我非常艱難，已經完全顧及不上看雪山絕美的風景了。後來隊友開玩笑形容我走得慢，說：「太陽出來，靜靜就出發；不到月亮出來，靜靜就不回來。」

C3 營地是卓奧友衝頂前的最後一個營地，從海拔 6800 公尺的 C2 到達海拔 7300 公尺的 C3，是登頂前距離最短的一段路程，按正常情況，五個小時左右可以抵達。我還是和往常一樣，比其他隊友提前出發。可是這天的狀態比之前任何一天都糟糕，腦子裡想著努力往前走，可是腿就是邁不動。

到了下午 4 點多，其他隊友陸續都到達了 C3 營地。今天是副隊長紮西次仁跟著我，在後半段路程，他見我走不動，明

顯有些著急，雖然他一路什麼都沒說，但他的行走節奏顯然比之前快了，沒有幾分鐘就和我拉開了距離。我明白，他是在暗示鼓勵我，走快一些。可是我竭盡全力也無法跟上他的腳步——我的兩條腿異常沉重，呼吸也變得越來越困難。

　　紮西次仁見我始終沒有跟上，終於對我失去了信心。他停下來，默默地坐在前面的雪地裡，看著我一點一點緩慢移動，不時地搖頭歎氣，腳下踢踏著雪。他沮喪的樣子，讓我感覺到了巨大的壓力，再也沒有繼續往前走的信心了。等到我終於挪動到他跟前時，他突然說：「其他人應該都到營地了，如果照你現在的速度走下去，估計明天衝頂是沒戲了。」

　　我一屁股癱軟在了雪地裡。

　　我真的有些絕望了，從未有過的無助感、挫敗感一瞬間緊緊揪住了我。

　　難道，真的要中途下撤嗎？

　　這時，從未想過的放棄念頭從我內心一閃而過。

　　我請求他與阿旺隊長通話，徵求隊長的意見。我聽到隊長在對講機那頭說：「你們速度這麼慢，還沒有走到營地天就會黑了，很不安全。即使安全到達營地，也沒有一點休息的時間，沒有時間恢復體能，明天登頂是不可能的事，建議你們下撤。」

　　說到這裡，對講機掛斷了。「真的沒有其他辦法了嗎？」

我問棸西次仁。他指著上面離我們很近的小山坡說：「有辦法。如果你在一小時內到達那裡，然後再花兩小時走後面相對容易的路程，差不多三個小時就能走到營地，這樣明天才有可能嘗試衝頂。」

我不假思索地回答：「我不知道能不能做到。」

「我們只有下撤，如果再不下撤，天黑下去就很危險。」

他見我沒有反應，沉默了一小會兒，又再一次轉頭指著前方，問我：「一小時內你是否能到那個小山坡？」

「能！我能！我一定能走上去。」我再次不假思索地回答他。

接下來，我向他提了一個要求：「我能吸氧嗎？」他與阿旺隊長溝通後同意了我的要求。半小時後，氧氣從海拔 7300 公尺的 C3 營地被帶了下來。我在海拔 7200 公尺的地方提前戴上了氧氣面罩，這是我第一次在高海拔吸氧。吸上氧氣，忽然感

覺像變了一個人。我大約又花了兩個多小時走完了到達 C3 的
最後路程。

　　我非常感激紮西次仁當時對我使用的激將法。事後，我問
他：「當時那種狀況，你怎麼知道我還能走？」

　　不料，他嘿嘿壞笑著說：「因為我看你平時能吃。」

　　晚上 9 點，到達了營地。營地外空無一人，所有的隊員早
已經鑽進帳篷休息了。在前兩個營地，楊春風、老邱等隊友還寬
大為懷，不惜氣力迎接我這個「落後分子」歸隊，這一次，估計
大家都對我這個「屢教不改」的「搗亂分子」徹底失望了——隊
友王石在日記裡寫道：「她晚上 9 點多才回營地，第二天怎麼
可能衝頂呢？」這次登山，我沒有能力和隊友一起適應攀登，
但他們的關心和鼓勵，給了我精神上的極大安慰和支撐。

　　紮西次仁把我安排進帳篷，還為我準備了一頓熱氣騰騰的
簡單晚餐，說是晚餐，實際上就是用熱水沖的一碗方便熱湯。
我和紮西次仁抓緊時間迷糊了一會兒。夜裡，不知道幾點，我
隱約聽見隔壁帳篷裡紮西次仁說：「糟了，今天天氣特別不好。」
又迷糊了一會兒，我醒了，發現他已經為我沖好了熱呼呼的方
便粥。此時，已經凌晨 1 點了，我準備起床。他對我說：「今
天大風，大雪，可能會取消登頂計畫，還需要繼續等待看看天
氣是否能好轉。」

等到凌晨 2 點了，天氣仍然沒有好轉的跡象。可是在大家強烈的衝頂欲望驅使下，最後，阿旺隊長決定，嘗試衝頂。

凌晨 2 點半，隊伍排成一隊準時出發，我排在最後一個。

在攀爬第一處陡峭的岩壁時，隊伍有些「堵車」。紮西次仁讓我沿著另外一條路線攀登，在他的指導下，我很快就爬上了陡峭的岩壁，走到了其他隊員的前面。攀爬在前面的紮西次仁回頭衝我點了點頭，我感受到他目光裡滿是鼓勵，也衝他笑了笑，腳下變得稍稍輕鬆些。

此時，周圍一片漆黑，僅僅依靠頭燈的亮光照明，只能看見眼下剛踩過的雪坑。新鮮的積雪很厚，最深的地方甚至超過五十公分。頭燈掠過前方，除了積雪，還是積雪。

雪花在一片混沌的天空中狂舞，大風吹得人有些站立不穩，隊伍停了下來。我轉頭看到王石在距離我幾公尺的地方，胸前掛著相機，我問：「王總，能給我拍張照片嗎？」他抬頭看著我，停頓了一下：「好，你把氧氣面罩摘下來吧，不然照出來看不出你是誰。」這是我攀登卓奧友唯一一張海拔最高的照片。

這樣惡劣的天氣，大家都不說話，只有風雪在前後左右肆虐。前面未知的行程和糟糕的天氣，讓我緊張起來。在海拔 8100 公尺左右的地方，保護繩再次終結了。阿旺隊長和紮西次仁交替走在隊伍前面，帶領隊員在黑夜中繼續開路前進。

伴著飛舞的風雪，厚厚的積雪像海浪一樣，從山頂洶湧而下，在身邊引起一場動盪。我緊張得心跳到了嗓子眼，立刻趴在雪地上，半天沒敢抬頭，一動也不敢動。

這是雪流，是雪崩發生前的危險信號。此時，看得出，阿旺隊長也非常緊張。他立刻叫大家坐下來，說風雪太大，如果繼續前進，實在太危險。副隊長紮西次仁也建議大家下撤，但隊員們都不甘心放棄攀登。

為了加強安全，阿旺隊長讓紮西次仁拿出了背包裡的登山繩，分別用冰鎬固定在最高點和最低點，然後吩咐所有隊員都把身上的主鎖掛在上面。所有人都串在一根繩子上，一旦發生雪崩，便於營救；反之，一旦發生危險，所有人都可能遇難。

風雪越來越猛烈了，我們在大雪裏挾下又走了兩個小時左右，終於到達了頂峰。

頂峰的風，幾乎能把人吹走。此時已經接近上午 10 點，但卻感覺還像是夜裡。周圍籠罩著厚厚的白霧，什麼都看不見。我甚至都沒體會到究竟哪裡是真正的頂峰，就稀里糊塗地跟著大家開始了緊張的下撤。

上山容易，下山難，90% 以上的山難都發生在下撤途中。

我還沒有從登頂卓奧友的喜悅中清醒過來，就必須再打起十二萬分的精神，面對下撤途中各種未知的危險，開始在狂舞

的雪花中下撤⋯⋯

　　往 C3 營地下撤的時候，有一段非常險峻的岩壁，這也是下撤路上的第一道難關。還好，大家都順利通過。到達 C3 營地之後，惡劣天氣依然沒有好轉，只是能見度慢慢增大。等到我最後一個到達 C3，領隊決定，絲毫不能停歇，必須馬上向 C2 營地下撤。現在已接近下午 1 點，我沒來得及喝一口水，又開始追趕隊伍的腳步繼續下撤。此刻已經停止吸氧的我，像擱淺在沙灘上的魚，大口大口地喘著，明明知道癱軟在地上後果不堪設想，可是，真的難以動身。

　　從 C3 通往 C2 的途中，還有一段非常陡峭的雪坡，筋疲力盡的我雙腿發軟，下坡時一腳沒有踩穩，身體飛快地向下滑去，速度快得根本不能控制！

　　緊張的同時，我瞬間本能地翻身撲倒在地，一面試圖用身體緊貼雪地制動，一面飛快地用手中的雪杖使勁往雪裡刨，下滑的速度迅速慢了下來，直到滑到了下面一個隊員身後才停了下來，我的腳差點頂到他的後背。這時，我嚇得癱躺在雪地裡，快要蹦出嗓子眼的狂跳的心慢慢平復了下來。如果速度沒有及時降下來，後果不堪設想，除了自己性命難保外，很可能還會殃及其他隊員。

　　接下來的路程，坡度開始減緩，積雪更深了，我漸漸落在

了後面。實在太累了，腳步似乎已經不聽使喚。腳下踩不穩，走一步滑一步。我嘗試著坐在雪地上往下滑，可是雪太深了，根本滑不動，我借助雪杖往下溜了一段，就再也沒有力氣揮動手中的雪杖了。

我擔心在下滑的時候突然遇到坡度變化，沒有辦法控制速度，所以吃力地站了起來，繼續一步一滑地往下挪。等我下到C2營地，其他隊友已經比我早到了大約一刻鐘，正一邊休息一邊等我。我一到營地，繼續下撤的命令再次下達。

還沒有緩過勁兒的我，必須再次跟隨下撤。

此時天氣還是那麼糟，緊張的氣氛也一點沒有減弱。從C2營地走出大約半個小時，我們到了C2最陡峭的雪壁，遇到了上升的新加坡女子登山隊和正在往上攀登的中國B隊隊伍。這是最難攀爬的一面雪壁，大約有100多公尺高，而且非常陡峭，上面有一小段坡度感覺近似垂直，向上攀登的時候，除了升降器外，還需要很強的臂力。

趁著兩支隊伍占據雪壁下撤和攀登的間隙，我們剛好在雪壁上面的小斜坡喘口氣。不到十幾分鐘，中國B隊的幾名隊員全部攀登上來了，可是新加坡的兩名女隊員體力透支，在這段雪壁上折騰了一個多小時才全部爬上來。這期間，風刮得越來越猛，能見度越來越低。在這個過程中，其他走在我前面的隊

友已陸續下去了，隊伍最後下撤的只剩下兩名協作次仁達旦、羅布和我。

羅布試著拉了拉其中的一根主繩，怎麼使勁也拉不動。因為暴露在風雪中，繩子已經結冰，變得異常堅硬。他說，「我先下去看看情況，然後你和次仁達旦再下來。」羅布先下去了，我跟次仁達旦也開始往下撤。

我沒有多少攀登經驗，體能透支，狀態差極了，次仁達旦特意幫我檢查了主鎖，掛上了 8 字環下降器，然後轉移到另一條繩子上，我倆開始同時下撤。

剛剛下降了一小段，我們正吊在幾乎垂直的雪壁上時，一條巨大幾乎是直瀉而下的白色雪龍，騰雲駕霧，海嘯般從上面的 C2 營地衝了下來。「雪龍」中還裹挾著一頂 C2 營地的帳篷，翻滾的帳篷重重地從眼前飛過，讓我一直猜想帳篷裡是否有人一起被雪崩捲下了山底。

我本能地立刻埋下頭，身子使勁往雪壁上貼。雪打落在我頭上，擦著我的後背疾掠而過，在山下方發出轟隆隆巨大的聲響。

天哪，雪崩！

很快，周圍一片靜寂，我睜開眼睛，發現自己還在繩子上吊著，主繩被我下意識地緊緊握在背後的手裡。我心裡默語：我還活著？如果剛剛沒有握緊手裡的主繩，我就已經隨雪崩滑

墜下去了。

　　死神就這樣和我擦肩而過。

　　周圍依舊是白茫茫的一片，大風捲著雪花，視野裡什麼都看不見。我費力地甩甩頭，再轉向左邊去尋找次仁達旦，他不見了，突來的雪崩不知把他吞噬到了哪裡。只剩下我自己。周圍除了白茫茫的雪霧，什麼都看不見。剛才的白天，已經變成了白色的黑夜。慢慢清醒過來的我，突然變得恐懼、迷茫、緊張……

　　一個念頭告訴我，雪魔隨時可能會捲土重來，絕對不能在此停留。我迅速降到了下面的繩結點上，取下了8字環下降器，準備下降，可是再次遇到了麻煩——繩子緊得紋絲不動！沒有足夠餘量的繩子，8字環下降器根本就掛不上去。我無法下降了！

　　我用盡了全身所有的力量，還是拉不動繩子，於是又試著用牙齒咬住往上拉，繩子稍稍有些鬆動，但只能拉動一點點長度。我手稍一鬆開，繩子就立刻又緊了回去。因為低溫，嘴裡的唾液把我的嘴都凍住了，不敢繼續用嘴咬拉繩子。

　　折騰了幾分鐘，正在我恐懼、焦急萬分的時候，突然聽到有人在下面喊我的名字——

　　王靜……王靜……

是羅布！是羅布的聲音！

天哪，他還在下面不遠的地方，他還活著！還在等我！此時，所有的孤獨、恐懼、崩潰都突然煙消雲散。這聲「王靜」，不知道給了我多大的力量！

我一定要活著回去。

「你快下來呀！」他衝著我喊。

「我的 8 字環掛不上。」我費力地回應他。

可是在鬼哭狼嚎的風聲中，在雪霧瀰漫的阻隔下，聲音根本沒有穿透力。我連續回應了幾遍，他好像什麼都沒有聽見，只是很急躁地衝我喊著：「你還要不要命了，趕緊下來！」

在雪壁上掛著的我束手無策。沒有任何更好的辦法，我的 8 字環下降器也掉進了雪裡——只有放棄使用 8 字環下降器。

我掛上主鎖，用盡全身力量抓住繩子，閉上眼睛，開始下降。沒有任何阻力和保護，體能透支的身體迅速向下墜落，彷彿一不小心就會撞得粉身碎骨，這讓我越發膽顫心驚。我幾乎感覺不到手上任何的力量，我試著用腳去蹬雪壁，以減緩下墜的速度，可是根本無法控制。我像塊石頭似的，匡噹一聲掉到了下面的一個繩結點。接著，我又如法炮製，連續下了兩段。隱約看見羅布就在下面，接著，看見了被雪崩打下山正躺在雪地裡的次仁達旦和散亂在雪地裡的背包和其他的東西。

他倆都還活著！

我心裡長長舒了一口氣。

羅布看著我，焦急地喊：「你快點兒啊，這裡太危險了……」

當我挪到距離羅布面前幾公尺的時候，突然全身都軟了下來，再也挪不動了。黝黑瘦弱的羅布眼裡含著淚花，向我伸出了雙手，我努力移到他跟前，連擁抱的力氣都沒有了，從他的眼神裡，我能看清他有多擔心。

我能感受到羅布剛才有多麼擔心。雪崩的一瞬間，雪浪對著次仁達旦直沖而下，直接把吊在我身邊繩子上的他砸落到山下，從陡峭雪壁墜落到了 100 公尺下厚厚的雪堆裡。慶幸的是，他沒有被沖到更深的山谷底，被雪崩掩埋不深。當羅布發現他從雪堆裡爬出來後，就四處尋找我。雪崩過去，濃密的雪霧籠罩了天空，阻擋著所有人的視線，能見度只有幾公尺，他根本無法看見還掛在雪壁上的我。

他以為再也見不到我了……

雪崩過後，見到次仁達旦和羅布已經是下午 5 點多鐘。在此多停留一秒鐘就多一秒鐘危險，我們必須馬上離開。幾句簡短安慰的話後，我們準備在大風大雪中繼續下撤。

沒想到，此後在伸手不見五指的夜裡下撤，更是漫長的煎熬。

在雪崩的影響下，周圍全都是白霧，能見度大約只有幾公

尺，我們不得不戴上頭燈。次仁達旦的肩受傷了，手套也在掙扎的過程中丟了一隻。此時不戴手套，手很快就會被凍傷。還好，從我背包裡找出一隻備用手套，雖然有些小，但他還能湊合戴上。

風雪越來越大了。我們開始了艱難的下撤。

不一會兒，天徹底暗了下來，周圍什麼都看不見了。狂風攜著刺骨的冰雪和尖利的哨聲東沖西撞，整個身體感覺好像已經不屬於自己──忽而輕如羽毛，隨時會被狂風捲走；忽而又像一塊石頭，壓迫著彷彿灌了鉛似的雙腿。我覺得自己的體能幾乎耗盡，開始擔心再也走不出去。剛剛從恐怖的雪崩中逃離出來的我，彷彿隨時會踩到死神的影子。

黑夜正帶來無情的絕望……

開始幾步，我還能跟得上兩名藏族協作的腳步。幾分鐘後，我就落在了他倆後面，沒有能力跟上。如果今晚被阻擋在這冰天雪地的黑夜裡，我想我一定會成為一座冰雕，永遠留在這浩瀚的雪山之中。

這時，我唯一的信念還是──「我一定要活著回去」。

身邊狂風怒吼，冰雪飛灑在臉上，一陣陣刺痛，四周伸手不見五指，空氣中散發出來的恐怖氣息壓得人喘不過氣，自己幾乎到了崩潰的邊緣。

我停下來，吃力地朝著他倆大喊：「喂——」他們好像沒有聽見，我再用盡了力氣喊：「喂——」

他倆停了下來，回頭看著我，示意我趕緊跟上。我清醒地知道，不管我多麼努力都不可能跟上他們的步伐。我幾乎是請求道：「我能走你們倆中間嗎？」倆人示意我加快腳步，我費力地走到他倆的中間，這時才感覺有了走出去的希望。

夜已經很深了，溫度也變得越來越低。在風寒效應的影響下，我們的體溫也在下降。我感覺自己快成了大自然冰庫裡的冰凍產品。寒氣不斷從腳底冒起。羅布不時搓著手，為了解渴，一邊走，一邊從地上抓起雪往嘴裡塞。而我似乎早已忘記了饑渴，一心想著怎樣逃出狂風暴雪的魔掌……

羅布真是個細心的協作，他在黑暗中發現了埋藏在雪地裡的保護繩。等我移動到他跟前，他幫我掛上安全主鎖，然後朝我憨憨地微笑著，衝我點頭並豎起了大拇指。寫在他臉上的笑容給了我莫大的肯定，在他倆中間行走，給了我繼續往下撤的力量和鼓勵。

我的眼眶裡湧出感激不盡的淚花。

「或許走完這條繩子，營地就快到了吧？」我心裡默語著，腳步輕鬆了一點。

可是走完了這條繩子的結點，又走了很久，還是不見 C1 營

地的影子。數次錯誤判斷，看來我已經完全記不清來時的路了。

　　我們的腳步變得越來越慢，越來越機械，我們三人一個字也不說，只是默不作聲地往前走著。他倆似乎也不確定現在下撤的路線就是來時的路。大約又過了一個多小時，走在最前面的羅布突然激動地喊了起來：「你們看啊，遠處山脊上有兩個亮點，營地快到了！」我像是從昏睡中突然驚醒，一邊順著他指的方向看，一邊充滿了疑問：「那是亮燈的帳篷嗎？」

　　我絕望的內心中感受到了希望。此時，我已經無法有任何多餘的動作去表達自己激動的心情，只是繼續沉默地移動自己的腳步。

　　我們移動得很慢，但沒有停留一步。此時，不停步，就是希望。

　　開始時，我還不時地抬頭望望，那帳篷一會兒看不見了，一會兒又出現在那裡。一次又一次消隱顯現後，我也已經完全沒有了辨認的願望，就是一直走、走、走……

　　不知道過了多久，前面突然出現了兩個人影。我以為那是前來迎接我們的隊友，結果卻是因小腿受傷而無法繼續攀登的 B 隊的隊員老丁和他的協作。在去 C2 營地進行適應性訓練的時候，老丁受傷了，也趕上了剛才的暴風雪，下撤得非常緩慢。

　　大家結隊繼續前行，彼此已經沒有力氣交談。不知又過了

多久，前面突然傳來一個有力的聲音：「我們到了。」

我停下腳步，抬頭一看，下了小坡，果然就是我們的營地。「這是真的嗎？」自己簡直不敢再相信。

可是我實在沒有力氣了，腿再也邁不開了，身體甚至在風中站不穩了。我費力地挪動著，大約用了半個小時，才走到了近在咫尺的我的帳篷前。羅布已經到了，正在帳篷裡收拾東西。他告訴我：「你的睡袋已經替你搬到最下面的帳篷裡了。」我差點暈了過去！好不容易移動到帳篷跟前，居然沒有睡袋！原來，好心的羅布想把我換到離下撤的地方最近的帳篷裡，但他忘記提前告訴我。還要倒回走十幾公尺的距離，他卻不知道這點距離對我而言有多麼艱難。

旁邊帳篷裡的協作聽到外面的說話聲，趕緊出來幫忙。此時已經晚上12點了，我已氣力全無，身體被狂風吹得搖搖晃晃，根本站不穩了。這個我始終不知道姓名的協作把我扶到了下面的帳篷前，幫我取下了背包，替我解下了冰爪，脫掉厚重的高山靴，然後費勁地把我塞進了帳篷。

我像一塊沉重的石頭，一下子摺倒在冰冷、潮濕的帳篷裡。

二十多個小時顆粒未進，行走途中我也不記得喝水的事，在極度的體能透支和恐懼中終於到達了營地。昏昏沉沉閉上眼睛，我感覺生命的氣息正一點一點地從我身體裡飄逝。

　　迷迷糊糊之中，隊友進來把我扶了起來，還做了個簡易的枕頭，接著為我找吃的。

　　剛才送我回帳篷的那位好心的協作，又送來了一包餅乾和一個水壺，打開水壺，裡面是刺骨的冰水，此時大家都沒有熱水了！帳篷裡又冷又潮濕，凍得已經縮成一團的我，還是咬著牙喝了幾口快凍成冰塊的水，吃了半塊餅乾，持續的恐懼已經壓倒了饑餓感。

　　隊友替我打開了睡袋，可是睡袋很潮濕，帳篷的底部都是濕的，中間還有一些冰塊。隊友趕緊找來了一件羽絨衣，幫我墊在睡袋下面。我打著哆嗦，穿著厚厚的羽絨服鑽進了睡袋，體溫不再流失。但是恐懼依然還在，隊友繼續打問著下午遭受雪崩的情形，我眼皮變得越來越沉。

　　夜裡，我在半夢半醒之間醒來，腦海裡馬上浮現出雪崩時的一幕：呼嘯而下的白色雪龍，翻滾的帳篷，怒吼的狂風和吊在繩子上的無助。我靜了靜心，感覺外面的風越來越癲狂，帳篷發出了巨大的吼聲，劈里啪啦，劇烈搖擺。我真擔心這風會把我們連同帳篷一起捲走。

　　就在半夢半醒之間，早晨來臨。

　　風依舊瘋狂，外面氣溫冷得讓人無法忍受。大家聚到煮飯

C2 雲海，美得讓人甘願冒險眺望。

的帳篷裡，一邊煮速食麵吃，一邊商量著下撤到 ABC 前進營地的方案。大家決定等到風小一些的時候馬上下撤，而且今天一定要下撤，留在這裡太危險。就在昨天夜裡，陣風達到了 12 級，我們周圍的帳篷被吹走了四頂，所幸那四頂帳篷裡都空無一人，還有一頂在山脊上正對風口的帳篷被撕成了碎片，碎片在狂風中被拍打的聲音，似乎催促著所有的登山者，趕緊下山吧。

羅布的手指凍傷了。昨天下撤途中，他因為忍受不住口渴，一路吃雪，打濕了手套，左手的食指和小指被凍傷，左手食指前面兩節已經變成了黑紫色。想到他的指頭可能會被截掉一段，我心裡難過極了，這一切都是因為我的下撤速度太慢而造成的。

我們得儘快離開這個鬼地方。

冷，太冷了，一切彷彿都沒有了溫度……

等到上午 11 點，風絲毫沒有減弱的趨勢，剩餘的幾個人決定冒險頂著狂風下撤到 ABC 前進營地。在往「麻辣燙」（此段路程多碎石，很陡峭，石頭容易滾落，所以俗稱「麻辣燙」）的下撤途中，由於體能下降、冰凍路滑，沿路又都是陡峭的碎石坡，走起來非常困難，一不小心就會摔倒下滑，磕傷腿腳，甚至滑墜到谷底。大約花了兩個小時，我們才到達了 ABC 與「麻辣燙」中間的休息平臺。等到我們下降到「麻辣燙」底部，風被山遮擋，風力減小了很多，路也好走了起來。此時已經沒有什麼危險了，體能好的男隊員漸漸與我拉開了距離。最後只剩下我，還有那位受傷的老丁，在後面慢慢地下撤。

在夜幕即將到來的時候，我們終於趕回了 ABC 大本營。

第一次攀登 8000 公尺雪山就遇到了雪崩、12 級風，非常的不幸；但能從雪崩、12 級風中走出來，又是多麼幸運啊！

我深深地感謝這些高山協作和我的隊友們。不是因為你們，我沒有那麼多快樂；不是因為你們，我一定不能到達頂峰；不是因為你們，也許在雪崩中我永遠走不回來……

攀登卓奧友經歷雪崩、12 級風和感受的一切，讓我對登山有了全新的認識，也對生命有了特殊的感知與理解。

等我回來
2008 希夏邦馬

———

我嚮往山裡被曬得黝黑質樸的人們；嚮往綠色草原上牧人一
邊唱著嘹亮的歌聲，一邊自在地驅趕著如雲的羊群；更嚮往
山裡清新的空氣和雪山之巔那些出人意料的美景……這裡，
有無窮的力量牽動著我的腳步！

海拔 8012 公尺
攀登紀錄
2008 年 10 月 2 日 10:10（北京時間）登頂

希夏邦馬，唯一一座完全在中國境內的 8000 公尺山峰，位於喜馬拉雅山
脈中段，北緯 28° 21' 07"，東經 85° 46' 55"，東南方距珠穆朗瑪峰約 120 公
里。它由三座高程相近的姐妹峰組成，山勢險峻，氣候變化無常。北坡有
長達 10 餘公里的山谷冰川，冰塔林立，銀光閃爍，站在遠方眺望，陽光
下的希夏邦馬峰白雪皚皚，巍巍壯觀。

我的夢，一直在攀登路上延續。

2008 年 9 月初，當我決定向希夏邦馬邁進的時候，面對朋友的囑咐和祝福，我只對他們說了四個字——

等我回來。

自從遭遇卓奧友的雪崩後，我感到了雪山極致的環境和蘊藏的無窮力量，也感到了人的渺小和不足，同時開始審視自己，喚醒自己……

作為唯一一座完全在中國境內的 8000 公尺級山峰，希夏邦馬的藏語意思是「不能放羊，不能種青稞，氣候嚴酷」，這也是我登頂的第二座 8000 公尺級雪山。希夏邦馬，1980 年正式對世界登山界開放以來，平均每年只有不到十支外國登山隊攀登這座山峰。別看它 8012 公尺的海拔高度名列第十四座 8000 公尺高峰的最後一名，但它卻是人類登頂的最後一座 8000 公尺級山峰。自 1964 年中國國家登山隊和西藏登山隊的十名隊員首次攀登並登頂後，2008 年以前，國內還沒有一支業餘登山隊登頂此山。而能夠登頂的女性登山家，更是屈指可數。1981 年，日本登山隊的田部井純子登上了該峰，並且成為世界上第一個登上希夏邦馬的女性。此後，少有女性問鼎希夏邦馬。

希夏邦馬的氣候特徵大體上與珠峰相似，每年春季的 4 月和 5 月，秋季的 9 月和 10 月，會有大約一個月左右的好天氣。

在這一個月內，連續兩天以上的好天氣一般可能出現二到三次，三天以上的好天氣一般可能出現一到兩次，這期間是登頂的最好時期。但是山谷之間密布的冰川，因為布滿了縱橫交錯的冰雪裂縫，隨時會讓攀登者在此迷路和墜入裂縫。正是這樣的未知和風險，每年都吸引著來自世界各地的探訪者。

2008 年 9 月 16 日，我和王石、汪健、張梁、金飛豹等一行十一人組成的登山隊到達了海拔 5300 公尺的希夏邦馬大本營。

攀登 8000 公尺級雪山，在大本營睡覺還算「舒適」。早上，我從睡袋裡露出腦袋，拉開自己親自設計製作的探路者帳篷的帳門，感覺格外親切。外面陽光明媚，眼前河谷裡流淌著雪水，頭上一朵一朵的白雲在藍天和山巔之間慢慢飄移，呼吸著清冷稀薄的純淨空氣，感到這種美似乎也可以讓人隨雲朵飄移。

在營地的帳篷前面是幾條縱橫交錯的「小河」，河水都是從喜馬拉雅山脈流下的冰雪融水，它們急匆匆地沖刷著亂石遍布的河床，留下清脆悅耳的聲響。我忍不住尋著水流聲來到河床，發現河灘裡散落著圖案奇異的大小石頭，我尋到了一塊「布達拉宮」和一塊「穿著長裙的少女」，自然界讓人們充滿神奇想像。

在適應性訓練途中休息時，王石建議隊裡多才多藝的華仔給大家跳舞。華仔展示了他大學時期最拿手的霹靂舞，動作嫻

熟流暢。輪到我時，卻不知道為何唱了與此刻環境毫不搭調的
歌——一首我在參加汶川地震救援後寫的歌，《希望還在》：

苦難的硝煙還在

你還在

你也許已是一粒種子

化成一棵小草

你也許化變成了

變成參天大樹

在我們心中你沒有離開

你還在

從沒有離開

也許化作一朵白雲

化作巍峨高山

在花的海洋裡

化作一隻蝴蝶

輕輕地飛過曾經的家園

心連心

無邊界

靜靜的山

這人間滿是真愛

我看見

我聽見

希望就在身邊

你沒有離開

你還在

你已化作聲聲呼喚

化作堅強勇敢

在藍色天空裡

那一張張笑臉

就像天使在我的心間

不管你

你在哪裡

你能感到親人的溫暖

就在風雨裡

緊緊相偎相依

我的家鄉我就在你身邊

歌聲將我的記憶帶回到四個月前的汶川地震的救援現場。

如果說，2007 年秋天卓奧友峰的攀登讓我與死神擦肩而過，汶川地震的救援則讓我目睹了生命的脆弱與頑強……

2008 年 5 月 12 日，我的家鄉四川發生了 8 級罕見強震，當時我正在探路者公司參加為期三天的戰略董事會。從媒體得知震中汶川災區已千瘡百孔，特別是在網路上看到一張被無數次轉發的從廢墟裡伸出的血淋淋的布滿塵土的小手被母親的手緊緊拉著的照片，這樣的場面深深牽動著我！那裡是我的家鄉，可能有很多人需要幫助，我要回去，盡我微薄之力。

地震後，公司便組建了汶川災區應急救援隊，調集了大量帳篷、衣物等，趕往地震災區。我原本可以隨隊參與救災物資的發放等工作，但卻接到了民政部山嶽救援隊的救援待命通知。我沒有猶豫，就決定跟隨救援隊出發，我想，那是更需要我的地方。

在出發的飛機上，我們每個人都按規定簽了份類似遺囑的個人聲明，作為隊裡唯一的一名女隊員，此前從來沒有接觸過「遺囑」這樣的東西，救援隊是由具有各種專長的志願者組成，看這些男士們都痛快地簽字，內容我連看都沒有看，也寫上了自己的名字。

出發時，除了必要的救援裝備，我們沒有購買食品等補給，

四川汶川地震現場，雖近損毀，希望還在。

全副武裝坐地鐵出發，前往災區救援。

原本打算到成都再購買。飛機剛剛降落，一輛中巴車在機場接上我們連夜就奔赴彭州市。到達彭州後，直接被當地救援指揮中心安排前往震中龍門山鎮。

龍門山作為成都的後花園，曾經是熱門的旅遊景點，每個週末、假日，有多達十幾萬人在此休閒、旅遊。地震後，龍門山斷裂帶造成的強烈破壞致使當地交通、通訊完全癱瘓，機械化部隊無法深入。當時部隊的單兵山地搜救無論裝備還是專業程度還很有限，在開展大規模救援行動開始前，由山嶽救援隊突擊進入龍門山地震核心區，掌握第一手災情，在當時是唯一可行的選擇。

我們的中巴車最終不得不在駛入龍門山鎮的小魚洞大橋前停下來，官兵們正在搭建臨時浮橋，無數前來救援的部隊車輛在此排著長長的隊伍。由於一直在趕路中，我們始終沒有時間購買食物補給，此時此地，周圍一片混亂，也不可能買到食物。就在我們停車的附近，隊友們撿拾了一些散落在地上的未喝完

現場搜查生命跡象的突擊隊。

跨河救援的部隊。　　　　　廢墟下掩埋了十三戶人家五十多口人。

的瓶裝礦泉水還有未開封的速食麵、餅乾等當做晚餐。

　　根據救援指揮中心的報告，我們即將展開突擊搜救的銀廠河峽谷，當時推測約有上萬遊客被困。在餘震不斷、可能的受災人數比較多的情況下，為了第一時間把災情通報給救援指揮中心，救援隊決定把隊伍臨時分成突擊隊、救援隊和大本營協調組。突擊隊由體能最好、救援經驗最豐富、戶外技能最強、裝備最精良的隊員組成，儘量用最快的速度向峽谷縱深突進，通過無線電臺將沿途災情，特別是峽谷裡面受災的嚴重程度通報給指揮部；救援隊負責跟在突擊隊後面進行次生災害評估與沿途搜救；留守大本營的隊友保證無線電暢通並協調各方救援力量根據前方回饋及時調整救援實施方案。

　　考慮到我是女性，體能可能比不上男隊員，開始並未把我分在突擊隊裡，但在我的堅決要求並保證不拖後腿的承諾後，終於加入了由挪亞、楊獻忠、老龍等五人組成的突擊隊。出發後，發現一座山完全倒了下來，橫亙在原本通往峽谷的路上，

公路像被翻炒過一樣，瀝青、山石草木、衣物以及動物殘肢混雜在一起，而正在我們腳下踩著的泥石流裡，埋葬著全村十三戶人家，五十幾口人⋯⋯

　　饑餓和大強度的趕路，突擊隊的五名隊員們體能消耗極大。從在北京接到救援任務到現在，除了在橋頭喝的幾口撿來的礦泉水和進食一點零食，幾乎一直沒有吃東西。搜救途中，當我們路過一個已經坍塌的礦泉水廠時，我決定試試從中找些礦泉水補充能量。隊友還沒來得及勸阻，我已經快速小心地進入廠房，搬著一箱礦泉水衝了出來。隊友都吃驚地看著我，雖然我跟隊友強調我個子小、動靜小、沒事兒，其實我清楚，震後搖搖欲墜的鋼筋水泥屋頂隨時可能繼續掉下砸在我微小的身軀上。

　　就在我抱著礦泉水跑出廠房沒多久，那棟建築轟然倒塌，隊友們被嚇得目瞪口呆，我也腿腳發軟。

　　經過十幾個小時的奔波，我們終於到達銀廠河峽谷的盡頭。

　　那是怎樣的景象啊！

　　彷彿真的是——天，塌了下來，填平了這座峽谷⋯⋯

　　第二天，當我們拖著疲憊的身體返回到大本營，等待我們的是一個更不幸的消息：既然大多數遊客不在銀廠河裡峽谷，就一定在另外一條旅遊熱線——回龍溝峽谷裡。而且這條溝裡有三座水壩，如果垮塌，後果不堪設想！此前某部官兵小分隊

曾嘗試進入峽谷搜救，沒多久就因有官兵受傷而不得不終止搜救撤回營地。

此時我們的體能也已經接近透支，如果不能保證自身安全，是否還要冒險搜救？隊員們的心情非常複雜。我們是民政部專門抽調過來執行山地搜救任務的專業山地搜救隊伍，如果我們不進去，誰進去？這似乎為救援隊現場總指揮王鑫出了一個難題。別無選擇，我們必須立即趕往回龍溝峽谷！

最終，在當地老鄉的幫助下，三名隊友通過翻山繞路，忍受著山體裂開後散發出的讓人窒息的強烈的硫黃氣味，靠四肢爬行穿過只有大熊貓行走的灌木叢，在一公尺多厚枯木落葉的原始森林中艱難跋涉十二小時後，終於解救出被困六天的八名倖存者和一條小狗！這也是彭州地區在地震後唯一一次性解救被困者生還人數最多的救援。

我並不是一個膽小鬼，但從汶川地震災區回到北京後的很長一段時間裡，我夜裡常常在地震救援現場的噩夢裡驚醒。那段時間，只有與那些一起在地震災區共同經歷過死生的隊友們在一起時，才會感到踏實。救援的原則雖然是生命平等不存在交換，但當我們作為救援隊員出現在災難現場，面對死傷，其實來不及做任何選擇。正如在進入回龍溝峽谷搜救的前夜，有隊友躲在帳篷裡偷偷地用僅有的礦泉水擦洗滿身汗水、泥漿的

身體，只是希望如果遇難被發現時，身體能稍微乾淨一點！

　　我作為兩個女兒的母親、母親的女兒、丈夫的妻子，每每回想起在汶川救援死生一線的經歷，身體總是處於緊繃的狀態，鼻子發酸、內心對家人充滿愧疚感……身為救援隊隊員，當時的每一個決定、參與的每一次救援行動，都意味著可能與家人的永別。而我離開的時候，甚至都沒有來得及與親人說句告別的話，也不知道該如何告別……

　　這段回憶，我不想再描述經歷過的血腥、慘烈場面，我想，地震之後人們的積極生活狀態，人人都有心存敬畏，頑強不屈的精神面貌，是這次地震給社會留下的真正遺產。

　　無論是作為一名山嶽救援隊隊員，還是兒時在山裡的玩耍經驗，都告訴我，危險就在那裡，它其實無處不在。有一次救援隊訓練在懸崖下降時，我的辮子不小心被捲進了下降器裡，曾經有人在遇到同樣的情況時，折騰了兩個多小時，最後不得不把頭髮一點點剪掉才避免頭皮被撕裂。我當時鎮定地利用自製上升系統，十幾分鐘後快速脫險。但當我決定涉足喜馬拉雅山脈的時候，尚未很清楚地在腦海裡形成對攀登危險的認知。

　　…………

　　在攀登希夏邦馬時，我最初幾天的狀態，比攀登卓奧友峰時好了許多。隨著從大本營到山上的適應性訓練距離越來越遠，

冒險搶搬礦泉水。　　　　　　在救援現場工作。　　　　　　救援隊員們合影。

這種感覺就越明顯。

　　9 月 20 日，我們開始從 ABC 前進營地向 C1 方向進發，我們的目的地是到達 ABC 與 C1 之間的換鞋處，換鞋處的設立是為了高海拔適應時大家需要把技術裝備帶上去事先放在那裡。這段路程大約五公里，海拔 5800 公尺，我這次上山大約用了三個半小時，下山將近兩小時，在隊伍裡算是走得不快也不慢。每當在營地休息的時候，心裡都十分寧靜舒適。偶爾也會帶著幾件衣服，找到距離營地很遠的水坑，在冰涼的雪水中就著石頭搓洗，感受高山牧民的清涼平常生活。

　　一天晚上，我和隊友們聚在大帳裡看了著名的登山電影《進入空氣稀薄地帶》。當看到影片裡的隊長在登頂後下撤遇難前，和他正懷身孕的妻子最後一次通話的情景時，我眼淚不知不覺流了下來。

　　身旁的隊友衝我打趣：「靜靜，是不是害怕了？」

　　我只是含淚微笑地轉過頭去……

　　從 9 月 22 日開始，都是到冰塔林進行適應性訓練。路程非

常長，行進也很艱苦。我從來沒有攀越過這麼遠的冰川，有些吃不消。我心裡納悶，近六十歲的王石，他是怎麼完成這些艱難攀登的？路上我始終默默緊跟在王石後面。一路走來，我發現了他的「秘密」：他登山的步伐總是不快不慢，心情平穩，即使有人超過，他也不急不慢，始終保持著勻速前進。他的這種平穩堅持，讓我在後來的登山過程中深深受益。

每一次穿過冰塔林區的適應性訓練都是一次艱苦的拉練，筋疲力盡後返回冰塔林的路程同樣不輕鬆。有一次，攀登冰壁的時候，我因為用力不夠，飛舞過去的冰鎬和腳下的冰爪都沒有抓牢，就著急開始向上攀登，腳下冰爪一滑，就迅速地掉了下去，眼看就要落入下面的冰潭裡。幸虧在我腳下方的王普反應敏捷，一把擋住了我，要不然就會掉進下面的冰水坑，變成濕漉冰冷的落湯雞。

出現過滑落的危險之後，我自己變得越來越小心。遇到訓練路程較長的時候，我通常會比其他隊員提前半個小時甚至更長時間出發。越往上走，路上的狀況就越複雜，不僅碎石遍布、冰塔林立，還有陡峭的冰坡。遇到這樣的複雜情況，對我而言，想跟上隊伍很艱難，我有意識地把全天要訓練的路程分成數段，比如，碎石坡路段、冰塔林段、冰坡段。我發現，有了大方向後，分段完成目標，目標越清晰，就越容易完成，把任務分解，依

穿越冰塔林。

次突破，心理也輕鬆了很多。

　　隨著適應性訓練的長度增加，我們的營地也隨著往上移動。其中一天的訓練，是從 5500 公尺 ABC 前進營地出發，但是晚上需要住在 6100 公尺的 C1 營地。剛開始的時候，我一直走在第一梯隊，但是等到過了冰塔林攀爬冰坡的時候，我的體力幾乎不能再支撐行走。從 ABC 前進營地到 C1 這段中間路程冰裂縫很多，稍微不留意就容易掉進冰塔林的冰縫或者水坑裡，我必須咬著牙一步一步往前。攀過冰塔林後去往 C1 的長長的冰坡彷彿沒有盡頭，而且路線單調，沒有什麼變化，走起來漫長枯燥。我使出渾身的力量也走不了多遠。眼看著隊友一個一個從我身邊超過，我勸慰自己不要著急，可內心還是越來越急躁。

　　天色漸漸暗了下來，風也開始越刮越大，雪花也隨著飄了起來，開始的行進中我一直沒有穿羽絨服，感覺體溫下降得非常厲害，越到後面的路程，走得越慢，伴隨著風雪和強烈的「高

反」，感覺越來越冷。出發前沒有想到自己狀態這麼不好，還有天氣變化得如此糟糕，比預想完成的時間超出了三到四個小時。行走中我沒帶羽絨手套，只帶了一副薄棉手套，手也慢慢凍得生疼。跟隨我的協助是個非常有經驗的藏族小夥，他看到我咬著牙打哆嗦的樣子，讓我甩手促進血液流動以避免凍傷，然後緊緊握著我的手前行，鼓勵我加油往上走，因為一旦停下來，體溫會下降得很快，很危險。

他拉著我的手在風雪中一步一步往上攀登，我內心無比感激。我已不記得他的名字和樣子，但那溫馨得像詩畫般的一幕，永遠留在了我的腦海。

就這樣勻速地走一步停一步，一直堅持了下來。我看了一下時間，僅爬這最後一段長冰坡，我就用了五個多小時，晚上8點左右才到達 C1 營地，我幾乎已經成了一個雪人，鑽到睡袋裡縮成一團，捂了好半天，身體才漸漸緩過來。

按照預定計劃，第二天我們本來是要趕往 C2 營地進行適應性訓練的，可是早上起來，發現風雪比頭一天更大，隊長不得不決定重新下撤到 ABC 前進營地。

下撤中，剛走出一小會兒，肚子開始劇烈地揪心疼痛，我想立刻就停下來，但這是不可行的。我知道今天下撤最難的路線還在後面等著我——冰塔林、碎石坡。我想，肚子疼的原因

可能是昨天在行進過程中凍得時間太長，體溫下降時吸入了太多的冰冷空氣，而且一晚上都在寒冷中度過，沒有完全恢復過來。我真擔心這樣下去天黑之前也下不到 ABC 前進營地。要命的疼痛持續糾纏了大約一個多小時，等到我開始翻越冰塔林的時候，身體才慢慢恢復正常。

除了痛苦，還有很多苦中的樂趣，有一天適應訓練，和同行的王普、楊浪濤一起走了一小段路程，作為記者，他倆這次沒有登頂計畫。當我們走到一個非常陡的碎石冰坡時，我在後面無意中踩到一塊鬆動的石頭，身體連滾帶滑往碎石坡下摔出了好幾公尺。我本能地大聲叫了起來。

王普迅速回頭，看到我已經停止下滑，「沒事兒吧？」他問。

我狼狽地緊緊趴在泥石上，笑著搖了搖頭：「沒事兒。」

怕自己繼續下滑，我小心翼翼地扶著泥石半彎著腰站了起來。

王普輕鬆地晃了晃手中的攝像機，衝著我幽默地說：「下次再摔的時候，提前告訴一聲，我就在這裡開機等著拍啊。」可以想像，他這次來這裡想拍一部電視紀錄片的心情有多麼急切！

我苦笑著說：「如果真摔下去就慘了，這個坡上全是鬆動的碎石，即使不摔死，也得是半殘。」

楊浪濤也在不遠處停了下來。他來自中國國家地理雜誌社，大高個兒、光頭，平日總是隨和地笑臉相迎，此時也一臉壞笑

地來了一句：「要不你再摔一次？」

9 月 30 日，隊伍把帳篷紮到了海拔 7060 公尺的 C2 營地，我們將會從這裡出發，在距離頂峰近 1000 公尺的地方，準備最後衝刺。王普和楊浪濤卻在大本營自製國旗，準備迎接「十一」的到來。

9 月 30 日夜裡零時，我們準備開始衝頂。當我們醒來的時候，發現外面的風非常大，還下著很大的雪。隊長阿旺有些猶豫，是出發還是等待下一個機會？考慮到希夏邦瑪峰的好天氣不多，如果等待，也許就錯過了登頂的機會，還是決定出發碰碰運氣。

所有隊員戴著頭燈在黑暗中出發了。

剛開始，兩位年齡最長的王石、汪建走在最前面，半小時後，張梁走到了前面，接著我的協作也跟了上去，他超過我時，拍了一下我的背包，示意我也跟上他走到前面，我馬上緊跟了上去，就這樣，張梁、我，還有我們的協作，先到了 C3 臨時營地。

因為前幾天天氣非常不好，路繩只修到了 C3 臨時營地就沒有辦法再往上修了。所以 C3 以上只能是靠協作一邊修路一邊前進。這樣一來，過了 C3 營地以後，行進的速度非常慢。高山協作琦美紮西在最前面修路，這也是整個隊伍中危險最大

的工作。早上 7 點多時，太陽升起來了，陽光灑在身上，漸漸感覺身體沒那麼冷了，可是攀爬的路線卻越來越危險了。

最後衝頂的岩石坡很陡，上去之後我才發現，從右邊路線爬上去更容易一些，但是由於判斷失誤，攀爬的時候我選擇了左邊。如果這時候下面的隊友不知情拉動繩子，我就有可能會被從岩石上拉下來。還好，我費了很大的勁終於爬了上去。在最危險的一段岩石上，我趴在那裡一動不敢動，歇息了幾分鐘，又折騰了半天才爬了上去。後來在 ABC 的登頂慶功活動上，王石套著黃色連體羽絨服，演示我當時四肢分開趴在石壁上一動不動恐慌的樣子，形容我「像隻金色的花蝴蝶趴在石壁上，一動不動」。把所有的人都樂得合不上嘴，我也捂著嘴笑個不停。

10 月 2 日早上 10 點 10 分，我繼隊友張梁之後順利到達頂峰。由於頂峰地勢很險，地方也很小，又是大風，天氣很冷，我們沒有辦法等大家一起到來享受巔峰時刻，匆忙拍了幾張照片就開始下撤了，拍照片時甚至把旗子拿倒了都不知道。

從 C3 營地下撤的途中，我們遇到過一次流雪。當時我和次仁多吉走在前面，阿旺隊長在我們的後面。流雪過來的時候，我和次仁多吉並不知道，阿旺在後面急得大聲喊：「小心！小心！」由於風聲很大，我並沒有聽見他喊什麼，我也沒有回頭，只是集中精力往前走。還好，次仁多吉比較有經驗，他聽見喊

登頂前經過的岩石區。

聲立即回頭，看見一大片雪正向我們衝了過來，於是衝著我喊：
「小心，流雪……」當我反應過來回頭看時，那一大片雪已經
在我後面停了下來。第一次感受身後的雪潮襲擊，心跳砰砰，
急速加快。

　　往 C2 營地下撤的路上，我的體力極度透支，困乏不堪，
有時候邊走邊拼命地睜開眼睛，因為實在是太睏了，在行走中
哪怕稍微停留一下就可以睡著。「不能睡！千萬不能睡！」
我的腦海裡浮現出以前隊友們向我描述的在珠峰頂上見到的情
形——一名登山隊員因為太睏，用登山杖支撐著身體立在雪地
裡睡著了，結果變成了冰雕，永遠沒有醒來。在似睡非睡之間，
我一邊想著珠峰頂上的冰雕人體，一邊努力地睜開眼睛，一邊
告誡自己一定不要睡著了，終於撐到了 C2 營地。嚮導出於安

每一次登頂都會看見光明。

全考慮,要求下撤到 C1 營地再休息,可我實在是太睏了,倒進帳篷就睡著了。當時整個睡袋都是潮濕的,大約睡了半小時就凍醒了。我睜眼看了看天氣,發現已經好轉,就跟嚮導商量,「我們下去吧?」嚮導說:「下面的營地已經沒有我們的帳篷了。」不得已,我們就在 C2 營地的帳篷裡凍了一個晚上,直到第二天一早才開始繼續下撤,一直到下午 4 點,而王石、汪建、華仔頭天晚上已經趕回了大本營。

海拔 8156 公尺
攀登紀錄
2009 年 9 月 21 日 09:00（尼泊爾時間）登頂

瑪納斯魯，海拔 8156 公尺，地理座標為北緯 28° 33' 0″，東經 84° 33' 35″。
世界第八高峰，位於尼泊爾境內，坐落在喜馬拉雅山脈中段，西距安納普
爾那峰 30 英里。

生死不負約
2009 馬納斯魯

———

突然飛來一隻小鳥，停落在我身後的木梁上。我輕輕地起身，慢慢伸出手把它捧到手掌心裡，用手輕輕撫摸著它的羽毛。它快速轉頭看著我，眼裡看不到一絲驚恐。我撫摸了它好一會兒，才打開手掌把它重新放回了天空。看著它從我的視線中越飛越遠，我發了半天呆。人與小鳥能如此親密相處，這是我從來無法想像的。我第一次感到，原來人與自然可以如此的和諧。

靜靜的山

　　為了保持攀登珠峰前的良好狀態，2009 年 9 月，我決定攀登海拔 8156 公尺的馬納斯魯。

　　在攀登瑪納斯魯峰一個多月前，我參加了北京大學山鷹社一起前往青海進行玉珠峰攀登。北大山鷹社是國內最活躍的大學民間登山社團，在他們這群隊員身上，集中體現了一種青春激情、勇於攀登的精神。山鷹社成功攀登過很多雪山，特別是 1998 年登頂卓奧友，更是填補了國內大學登山組織攀登 8000 公尺級雪山的空白。但也因為缺乏足夠的高海拔經驗和對攀登 8000 公尺雪山綜合判斷能力，2008 年攀登希夏邦馬西峰時，五名優秀學子因遭遇雪崩遇難。從他們對失敗的誠懇總結和攀登經歷上，能看到了一群青年成熟和不服輸的精神，但這些都付出了血的經驗教訓。

　　即便是 6178 多公尺的玉珠峰，也一樣不能輕視，2000 年 5 月，玉珠峰曾經發生過一次重大山難，兩天內五位登山愛好者遇難。

　　這次山鷹社大隊伍的攀登路線是北坡登頂再原路返回，王石、大劉和我三人卻從南坡下山完成了一次玉珠峰由北到南的跨越。玉珠峰北坡的路線比較複雜，如果準備跨越一座山峰，需要具備更多的攀登經驗和對上下不同的兩條攀登路線的瞭解。當然，還需要具備很好的攀登技能和良好的心理素質，因

為下山的路線是自己完全不知道的，這更需要勇氣，對我來說，這也是一個嶄新的體驗。

在 C1 出發的那天早上，我們非常幸運地看到了百年不遇日全食，我用攝像機記錄了下來。這也是我第一次擔任「高山攝像」，記錄了從 C1 到衝頂和跨越玉珠峰從南坡下撤的過程。從北向南的這次跨越，為我打下在今後登山中拍攝興趣的基礎。這也可以算是攀登瑪納斯魯峰之前的一次為期一週的適應鍛煉。

馬納斯魯是世界第八高峰，位於喜馬拉雅山脈中段的尼泊爾境內。自 1956 年 5 月 9 日日本登山隊的兩名隊員和兩名尼泊爾嚮導沿北坡首次登頂以來，截至 2009 年春季，登頂此山的只有四百三十五人次，另外有五十七人遇難。馬納斯魯成了繼安納普爾那峰、南迦帕巴特峰和 K2 峰之後，又一座登頂死亡率非常高的 8000 公尺級雪山。

近些年，隨著攀登馬納斯魯的隊伍的快速增加，路線不斷成熟，越來越多的人登上了馬納斯魯。在尼泊爾的首都加德滿都做了短暫停留後，我們就準備向山裡進發。我知道一進山就沒有移動通訊信號了，趕緊給家人發出了幾條短信，感覺有說不完的話要傾吐。

發強回復信息安慰我說：「你量力而行，知難就退，平安最重要。」

攀登玉珠峰隊員合影。

　　我心裡當然明白，安全對於我，意味著什麼。

　　晚上收拾行李，突然在行李包裡發現了離家時媽媽塞給我的一個蘋果。它陪著我飛越高空、跨越國境，已經被各種裝備擠壓得傷痕累累。我拿出來撫摸著它，眼睛裡不覺充滿了淚水。

　　蘋果──平安。分別時媽媽什麼都沒說，但是她的期待和祝福都埋在這個小小的蘋果當中了。

　　我擦著眼淚，對自己說：「一定要活著回來。」

　　終於出發了。

　　2009 年 9 月 4 日，我和王石、張梁、葛振芳等八名隊員，隨這次攀登的組織者楊春風，還有一位尼泊爾的登山負責人達瓦和他的夏爾巴們一起，先乘車到達一個叫阿如拉的小鎮，然

後從那裡出發，再花大約一週的時間徒步到達大本營。

早上7點，所有人都擠到了一輛大巴車上，搖搖晃晃地向下一站出發了，汽車開了三個小時，尼泊爾的登山負責人達瓦就吩咐停車，招呼大家下車吃飯，他說再往前走找不到更好的飯店了。說是飯店，實際上就是一個極其簡陋的農家，桌子擺在屋簷下，廚房是泥巴灶頭，就在屋簷下的空地上。這是我第一次吃尼泊爾當地的手抓飯，幾粒肉和幾根鹹菜，還有一些公尺飯。米粒間沒有黏性，像是陳舊的米，一顆一顆，粒粒分明。經過此前幾個小時的顛簸，看到這樣的飯也沒有幾個人有胃口了。

吃過飯繼續上路，後面的山路越來越窄，而且出現了很多大坑，大巴車根本無法行走了，我們所有人和行李被換到了一輛小卡車上。車顛簸得厲害，車身忽上忽下地搖晃，幾乎把我們拋出了車外，感覺渾身的骨頭都快散了架，在後車廂裡的隊員葛振芳暈得厲害，中途吐得一塌糊塗。

下午5點，我們終於到了阿如拉小鎮。這一天裡，除了上午那頓手抓飯，我們每個人只喝了一瓶水，再沒有吃任何食物，所以晚飯雖然很簡單，大家卻吃得格外香。

第二天一早8點30分，大家整理好了行裝準時出發，徒步進山。第一天徒步，大家都覺得很輕鬆，一邊走一邊拍村落景色。

沿途遇到的山民很淳樸，看著孩子純真好奇的眼神，更是

倍感親切。從孩子們的穿衣打扮能看出，他們的物質生活條件非常差。孩子在破舊的房子前面玩耍，身上穿得破破爛爛的，看到我們來，離老遠就會衝我們喊：「Namaste！」尼泊爾語的意思是：「你好！」個個都是一臉燦爛的笑容，很無邪的樣子。我們給他們拍照，他們都特別配合，拍完後還迅速圍上來，好奇地看相機

人與自然原來可以如此親密和諧。

裡自己的照片是什麼樣子，沒有一點點防備之心。大概是很早就接觸國外登山者，孩子們大多都能說一些簡單的英語。這份親切讓人覺得情感的交流沒有國界。

　　跟人的交流如此，跟自然界的交流更是如此。到了山裡，周圍的一切都顯得自然而親切。

　　第二天到達目的地之後，我正在路邊歇息，突然飛來一隻小鳥，停落在我身後的木梁上。我輕輕地起身，慢慢伸出手把它捧到手掌心裡，用手輕輕撫摸著它的羽毛。它快速轉頭看著

靜靜的山

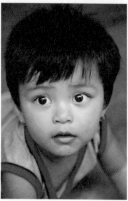

我，眼裡看不到一絲驚恐。我撫摸了它好一會兒，才打開手掌把它重新放回了天空。看著它從我的視線中越飛越遠，我發了半天呆。人與小鳥能如此親密相處，這是我從來無法想像的。我第一次感到，原來人與自然可以如此的和諧親密。

從阿如拉小鎮開始，我們沿著峽谷往裡走。剛開始徒步的前兩天，峽谷裡沒有風，天氣悶熱得讓人難以忍受，頭暈得屬害，感覺像中暑了，每天需要不停地喝水。隨著海拔漸漸升高，雖然氣溫降低了，但因為連續幾天徒步，人變得非常疲憊。更鬧心的是，腳上打了兩個泡，每走一步都鑽心地痛。腳腕也十分酸痛，我行進的速度因此慢了下來，還經常隨地坐下來休息，因此每天我都是最後一個到達營地。

不過途中發生的情況，讓我又不敢隨便在路邊坐下歇息了。大概是出發後的第三天吧，中午在路邊吃飯的時候，一個隊友突然發現他的腳被什麼咬了，鮮血直流，仔細一檢查，發現是一種被當地人稱作 Bada 的東西，也就是旱螞蟥。等到下午到達營地時，另外一個隊員也發現腳被咬了，而且被咬了四處。隨隊廚師的胳膊也被咬了，衣服、袖子上留下了一片血跡。想到走著走著自己就可能神不知鬼不覺地被螞蟥咬傷，真是讓人抓狂。還有更讓人抓狂的事，因為連續幾天一直下雨，路面變得十分泥濘，到處都是稀爛惡臭的牛糞湯，一路走過來，腳都會

踩上爛兮兮的牛糞，躲都沒法躲。

　　越往高海拔走，氣溫越低，身上的衣服總是濕漉漉的，要麼是被雨水淋濕的，要麼是被汗水浸濕的，所以停下來時，穿上厚厚的羽絨服都覺得涼涼的，感覺很不舒服。這段路上有很多碎石，上山的道路因為雨霧變得十分濕滑，不小心踩落一塊石頭，就聽見一陣劈里啪啦的聲響，那石頭就一路迅速地滾落，跌入腳下水流洶湧的河谷。要是人失足落下，後果不堪設想。

　　我們計畫從海拔 2600 公尺的地方趕到海拔 3390 公尺的 Sama 小鎮，然後再往前一站走到海拔 4600 公尺的大本營。就在去往 Sama 小鎮的途中，我們的背夫在路上遇到了驚險的一幕。一名背夫不小心扭了腳，連人帶行李轉眼間墜落，幸虧他反應快，一把扯掉了行李，保住了自己，而行李急速滾下山崖，瞬間就被洶湧的河流衝走了，身邊的人驚得目瞪口呆。

　　丟掉行李的背夫一直自責、忐忑不安，始終不敢抬頭看我們。達瓦解釋說，這是無法控制的意外，像這樣的事情幾乎每年都會發生，很多情況下都是背夫和行李一同滾下崖去，被迅疾的河水捲走，行李與激流中的石頭碰撞很快被解體，而背負卻被撞擊得面目全非，大多數情況連屍首都無法找到。萬幸的是，這次人沒有掉進河谷中。

　　終於到了海拔 3390 公尺的 Sama 小鎮，我們住在一個木屋

小店裡，這個小店除了我們以外，還有來自國外的五名登山愛好者。小店裡的茶廳很安靜，坐在窗戶下可以看到對面的山峰，大家都有些疲倦，各自飲著茶，看書或是靜靜地望著對面的山峰發呆。

一位國外的女隊員推門走了進來，可能是門不太好關，她一直沒有關上。她猛地回身，重重的一腳把門踢上了，寧靜中的巨大聲響嚇了大夥兒一跳。大家齊刷刷地都把目光投向了她，而她一副若無其事的樣子，在眾目睽睽之中鎮靜地走到座位邊坐下。

大家都笑了：「這個女人，太生猛了！」

隊友裡有人接著逗樂取笑我：「你登山久了，也會變成這個樣子吧？」

我安靜地笑了笑，心想，如果真是那樣的話，那我就不再是我了。

我可不喜歡把自己搞得像男人那麼滄桑、威猛。即便是海拔很高的地方，只要條件允許，我還是盡可能保證足夠的清潔。進入大本營之前，我們在 Sama 休整了兩天。隨著海拔升高，這裡的氣溫已經很低了，白天也很冷。我在廚房要了點熱水，湊合著擦洗了一下，同時把衣服和頭髮也洗了。這兒洗衣服的水凍得手生疼。

　　8000 公尺山峰也被登山者習慣稱為「Big Mountain」，在準備登頂之前，都會有一個煨桑儀式，以示對山的敬畏和感激──每個登山者都把自己心愛的冰鎬、飾物等拿到祭祀台前，祈求能平安歸來。這次的儀式，達瓦隊長把尼泊爾國旗、中國國旗和隊旗都掛了起來，我也拿出了探路者公司的旗子，把它鋪在了臺上。這面平日讓我感覺十分親切的旗子，如今又多了一份沉甸甸的神聖感，對我而言，也是力量的象徵。

　　我們每個人的內心此時都有很多期待，但沒有人願意去多想那些讓人忌諱的萬一和不幸。可是，隨隊負責攝像的洪海，偏偏問了我一個難以回答的問題。

　　這天下午，我們在大本營帳篷一邊聊天一邊做採訪。他突然一本正經地問我：「如果這是你最後一次登山，你想給家人說點什麼？」

　　「不可能，怎麼可能是最後一次呢？」我笑著飛快地回答。過了一會兒，他卻依然面無表情，很嚴肅地看著我，重複了這個問題：「如果這就是你最後一次登山，你不想給你的家人說點什麼嗎？」

　　我突然感覺，似乎整個山都沒了呼吸。

　　…………

　　我忍不住淚流滿面。此時，寂靜雪山也一定聽到了我落淚

的聲音。

我哭著告訴他：「如果我真的沒了，這段視頻你不許放給我的家人看⋯⋯」

猛然間，撕心裂肺地想家⋯⋯

在此之前，我真的從來沒有認真思考過這樣的問題，或者潛意識裡一直都逃避著這樣的問題。如果總是思前想後，那麼我也就沒有勇氣攀登 8000 多公尺的雪山了。可是，登山所要直面的生死命題是無法回避的，只不過經由他人的提醒才願意清醒地面對它。

一整天，我的心都泡在傷心中。

這天晚上，我半夜做夢，哭醒了，非常想家。

但當我們自己做了選擇，還沒有得出結果，往往就很難再選擇回程的路。

這次攀登，我們的訓練並不十分緊湊。大家在大本營休整時，王石說他在不遠處看到了雪蓮花，我和張梁隨他在營地不遠的碎石山脊附近尋找。終於又在海拔 5000 公尺的雪山石縫中遇見了雪蓮花，這是我第二次神遇雪蓮。它已經過了最早的花期，葉脈還在，花型完整，迎著風，輕輕地搖曳著，在藍天下呈現出夢幻般的美。我看得發呆，捧著相機拍了一張又一張，王石在旁邊笑我：「拍這麼久，這花都被你拍『糊』了。」

神遇雪蓮。

　　其實我自己清楚，我是被它頑強的生命吸引了，所以才下意識地一直端著相機，從各個角度拍攝，展現它的魅力。這一朵雪蓮，彷彿靜靜地在向我，也向所有為山而來的人提問：

　　你們究竟為什麼登山？你們向山尋求的究竟是什麼？

　　次日是從大本營到 C1 營地的第一次適應訓練，早上 7 點多鐘就出發了，一直走到下午 1 點多，大約用了六個小時。我們在 C1 營地停留了一個小時，然後開始下撤。下撤途中下起了雪，周圍都是霧濛濛的。我想儘量多拍一些素材，所以上山和下山都在忙著拍攝，等回到營地才發現，累得胳膊都快抬不

起來了。晚上躺在帳篷裡，我還在糾結，下次訓練要不要帶相機和攝像機呢？

我該如何享受生命的歷程，享受攀登帶來的靈感與快樂？自己的提問，提醒我接下來的適應性訓練，需要更加平和。在攀登的時候，我完全按照自己的節奏走，一邊走一邊享受拍照片的樂趣。我甚至忽略了隊長的提醒，他說，在高海拔地區的行進過程中，攜帶任何與登山無關的器材都會影響到行走的節奏，同時體能也會受到很大影響。所以條件不允許的時候，不能帶攝像機進行拍攝。但那有什麼呢？我悄悄地想，現在是適應性訓練，又不是最後的登頂，即使走到最後，體能消耗很大，也不會有什麼大問題。所以，我不僅背上了自己的厚羽絨服，還背上了大相機、路餐、開水等許多隨身必用品。

我感覺自己的狀態好極了。

登頂的時間安排定了下來。隊伍計畫在 9 月 22 日開始正式向 C1 營地進發，一路經過 C2 和 C3 營地，在 9 月 25 日那天，開始從 C3 衝頂。

接下來還有兩天的休整，這天早飯後，尼泊爾登山隊的隊長達瓦考慮整個攀登隊的安全，開始根據隊員的體能適應情況分配協作，每名隊員配一名夏爾巴，分配原則是體能弱、經驗少的隊員分配體能強、經驗豐富的協作。綜合所有因素之後，

我被排在了倒數第三位，我的協作達瓦丹曾是個比較強的登山協作，他曾經三次登頂珠峰，還登頂過一次馬納斯魯。

安排妥當之後，我們像即將奔赴戰場的戰士一樣靜了下來，以此減緩內心的激動。這天下午，洪海叫上了我，一起去拍攝羅塞爾組織的在營地撿垃圾的活動。

羅塞爾是經驗豐富的登山家和登山活動指揮者，也是生態保護的積極宣導者，他本人不僅組織，也親自參與撿拾和垃圾分類。他安排把垃圾分成了兩類：一類是可以回收、及時就地處理的，還有一類是需要背下山處理的。

他還會與大家分享高山攀登經驗，羅塞爾在大本營會時刻關注著衛星氣象。這天晚上，我們從他那裡得到最新的天氣情況：9 月 25 日那天頂峰會有每小時二十五公里的風速，到 9 月 26 日，風速會減弱，根據氣象資料，在這個週期裡，27 日是天氣最好的一天，從 28 日起，天氣將開始變壞。所以羅塞爾決定，把原計劃登頂的時間推遲兩天。9 月 26 日，我們開始從 C2 向 C3 營地攀登。

到達 7300 公尺 C3 營地之前隊員都不吸氧，對於每個人都是很大的考驗。這次我決定只帶一個小照相機，把很沉的「無敵兔」留在了 C2 營地。我的目標是，保持最好的狀態攀登到 C3 營地。所以從 C2 向 C3 進發的時候，我沒有背任何多餘的

東西，洪海託付的攝像機也交給了夏爾巴達瓦丹增，可是我依然感覺行走艱難。

　　一開始，我走在隊伍的前面，走到一半路程就感覺缺氧得屬害，攀登的路線也越來越陡，越來越困難。現在的海拔超過了 7000 公尺，天氣也變得越來越冷了。我一直沒有穿連體羽絨衣，後來感覺太冷，不加衣服可能再也硬抗不下去了，我決定把連體羽絨服套上。抬頭一看，前面還有很長的攀登路線，而且都很陡峭，初步判斷了一下，攀上去至少需要兩小時，而且再往上的路線是什麼情況，我也一無所知。考慮了一下，我決定在這一個陡峭的結點處停下來，把衣服穿上。達瓦丹增看我在如此陡峭的地方停了下來，很不理解地看著我。很快，他明白了我需要穿上連體羽絨服的意圖。他擔心我在換衣服時發生滑墜，就站到我下面，一邊幫我忙活，一邊擔心我的舉動不安全，有些不理解地搖著頭嘟囔著什麼。

　　我自己也十分小心，因為在這裡穿連體羽絨服真的是太危險了——要先把安全帶、冰爪脫下來，才能把連體羽絨服穿上。我穿著一雙大雪靴，要在不脫鞋的情況下把連體羽絨服的褲腳套進去，需要一隻腳著地，難度非常大。如果脫掉雪靴再穿，難度會更大，攀登過 8000 公尺的登山者都清楚，平日在高海拔帳篷裡穿雪靴都是一件極其困難的事。

在這樣陡峭的雪崖上穿連體羽絨服絕對是個技術活，缺氧和寒冷已經讓我痛苦不堪。我先費力地把腳下的雪踩出一個可以站穩的坑——要知道，在海拔 7000 公尺陡峭的冰崖上做這件事可不是那麼簡單，然後一點一點地把腿往連體羽絨服裡伸，折騰了很久總算套了進去。穿好了連體羽絨服，還要繼續把冰爪和安全帶重新固定上，這樣才能接著攀登。不過讓我害怕的是，因為穿連體羽絨服時必須解開所有的安全保護，如果在換衣服的時候不小心滑墜，在那麼陡峭而高的雪壁上滑墜下去，生還的可能性幾乎為零。出發的時候，沒有穿連體羽絨服絕對是個失誤，但決定在這裡穿連體羽絨服絕對是明智的，否則，我將很難堅持攀登到 7300 公尺的 C3 營地，如果當天到達不了C3 營地，結果是我沒有機會和隊伍一起登頂。

到達 7300 多公尺 C3 營地之前，有一個非常陡峭的大雪坡，這是我感覺攀登最艱難的一段，有好幾次我都落在了後面，達瓦丹增在後面示意我，超過一個一直攀登非常慢的外國女隊員，走到她的前面。我試著超過她，但是不久又落在了她的後面，我努力地跟在她後面，到最後落得越來越遠，我誰也跟不上了。這時，我唯一的選擇，就是咬牙堅持著，走一步，停一步，向C3 邁進。我是最後一個到達營地的隊員。

快到 7300 公尺 C3 營地的路上，我看見一位裸露在雪面上

雪崩頻繁區。

的登山者，他仰面朝天與冰雪交融，永遠地躺在了冰雪之中。這是我第一次在山上親眼看見登山遇難者，當時自己竟然沒有太多的恐懼感，也沒有太多的其他反應，難道是自己麻木了？

永遠留在冰雪中的登山者，本身已是值得敬畏的雪山的一部分，作為攀登者能留在這兒，也許他的人生不會有過多的遺憾。後來我得知，這位登山者是日本人，三年前在這裡遇難，根據遺體的所在的位置和他的姿態，我猜測這位登山者很可能是疲勞過度或是突發高山病而死。

到了營地之後，自己撐不住了，頭暈頭痛得厲害，身體劇烈地發抖。我第一時間爬進帳篷鑽進睡袋，捂了很久，還是覺

得冷得難受。C3 營地的海拔高度已經是 7300 多公尺，我想可能是嚴重缺氧帶來的高原反應。夏爾巴拿來了氧氣瓶，我戴上了氧氣面罩，大約又過了一個多小時，感覺終於緩過勁來了。可是胃口依然不好，吃不下任何東西，達瓦丹增幫我做了一碗熱湯，我勉強喝了下去，喝完湯，我躺下，連話都不想多說一句，就這樣一直躺到凌晨 2 點。

按預計的時間，隊伍準備衝頂了。

9 月 27 日接近凌晨 3 點的時候，我們在達瓦的引領下出發了。周圍黑漆漆的，頭燈照射的範圍只能看見腳下的隊友踩過的雪坑。大家都靜悄悄的，很小心地跟著每一個腳印走。達瓦走在最前面，感覺他每一步都非常謹慎，不時地停下來觀察周圍的情況，跟夏爾巴一起確定一下頂峰的方向是否正確，然後再帶著大家繼續走。

天漸漸亮了，天氣很好，沒有一點兒風。我感覺此時狀態特別好，我向夏爾巴要過了攝像機，準備拍攝。拍攝過程有時需要多次超越隊伍，也有時需要站在隊伍的旁邊，必定會耗費更多的體能，也加大了攀登風險。拍攝過程中王石兩次朝我搖手，示意不要再拍，我想他一定擔心我的安全。不過，登頂的過程好長一段路都是大緩坡，相對不是太難。

9 月 27 日上午 10 點，隊伍中所有人陸續成功登頂。在登

頂後的下撤過程中，當我再次回頭看頂峰時，我看見最後下撤的楊春風面向山頂，雙膝跪在那裡一動不動，我急忙拿出攝像機，準備記錄下這個場面，卻只拍攝到了一個尾巴。楊春風在中國登山界算是「元老」級人物了，圈內人幾乎都知道他，但他也受到過很多質疑。如果以一位組織者的身分看，他在隊伍管理方面確實有值得商榷的地方，但是這一次他樂於助人和平和的攀登的態度，給我留下了深刻的印象。如果選攀登隊友，我一定會選他這樣的。

登頂後我們安全下撤回到大本營後，乘坐直升機回到加德滿都。

進山時，我們徒步了一週；從山裡出來，只用了四十五分鐘。

三天前，我們還在海拔 8000 多公尺沒有人煙的地方；三天後，我們就回到了海拔 1000 多公尺的喧鬧城市。

一切恍若隔世。

只為站在這裡
2010 珠穆朗瑪峰

———

我把女兒們送給我的代表她們和爸爸的小布娃娃放在了祭祀台前，心裡默默祈禱。想起女兒們送我娃娃時的情景，她們天真的眼神、清脆的聲音彷彿就在眼前：「媽媽，你帶上娃娃就不會再那麼想我們了，這個娃娃是我，這個娃娃是妹妹，這個是爸爸……」此刻，她們的笑臉和童音無比溫暖，我心裡只有一個信念：「媽媽會帶上你們一起攀登，在攀登過程中，不管發生了什麼，媽媽都將永遠和你們在一起……」

海拔 8844 公尺
攀登紀錄
2010 年 5 月 22 日 06:05（尼泊爾時間）登頂

珠穆朗瑪，海拔 8844.43 公尺，北緯 27° 59' 17"，東經 86° 55' 31"，世界最高峰，素有「世界屋脊」之稱。峰頂空氣稀薄，氣溫攝氏零下 30 幾度，風力常七八級。冰川千姿百態，雪崩區險象環生。

　　自從 2007 年 1 月登頂非洲第一高峰吉力馬札羅後，我內心就一直浮動著一個夢——攀登 8844 公尺的珠穆朗瑪峰。在完成了三座 8000 公尺級的雪山登頂後，2010 年春，我踏上了攀登珠穆朗瑪峰的行程。這次我選擇了從尼泊爾境內的珠峰南側攀登。

　　珠峰雄偉的峰頂由三條大山脊和三個坡面（也就是人們通常所說的三壁）構成。其中由峰頂向東南伸出的東南山脊與比鄰的世界第四高峰洛子峰在海拔 7950 公尺處相接形成一塊馬鞍形的平地，這就是南坳。珠峰與洛子峰平行向西各自伸出一條幾公里長七千多公尺高的山脊——珠峰西面的叫西肩，洛子峰西面的山峰叫努子峰，西肩與努子峰之間形成了東西走向的狹長山谷，就是西冰斗；山谷東端（海拔 6400 公尺）在南坳正下方，兩者之間 1500 公尺高的冰壁叫洛子壁；在西冰斗的西端（海拔 6100 公尺），山谷突然變窄下垂，形成一個 800 公尺落差的孔布冰瀑，直落谷底的孔布冰川。而珠峰南坡的攀登路線就是按照上面的描述自下而上，從孔布冰川末的珠峰大本營出發，經過孔布冰瀑到達西冰斗，再上洛子壁到達南坳，最後沿東南山脊登頂。

　　珠穆朗瑪峰不僅以世界第一高峰著稱於世，它更是地球上獨一無二的地質構造的代表。大約五千萬年前，向北漂移的印度板塊與歐亞板塊相撞擠壓，形成了舉世聞名的喜馬拉雅山脈

和青藏高原，這裡也被稱為世界屋脊。兩個板塊的相撞疊加使得地球上 8000 公尺以上的十四座山峰全部集中在喜馬拉雅山脈和北面鄰接的喀喇昆侖山脈。由於印度板塊插入亞洲板塊的撞擊一直沒有停止，每年仍以大約指甲生長的速度繼續前進，因此喜馬拉雅山脈是地球上最年輕最有活力的山脈之一，每年會升高幾毫米。專家預計，如果照此發展下去，100 萬年以後，尼泊爾或將完全插入西藏板塊下面。

我聽說曾經有攀登者在珠峰頂上撿回了幾塊石頭，研究表明，這些石頭是來自遠古時代奧陶紀的石灰岩，四五億年前，它們應該還在大海裡，還有人尋到過魚形化石。這些故事，讓我除了對攀登珠峰本身充滿了期待外，更激發了我在珠峰與億年山石奇遇的想像。

每年春天，世界各地的登山者都會首先集合到尼泊爾首都加德滿都，然後從這裡開始準備珠峰的攀登。加德滿都 1768 年成為都城，地處巴格馬提河和比興馬提河的會合處。它的北面是屹立在喜馬拉雅山脈的世界之巔，珠穆朗瑪峰，一個承載登山人夢想的地方。

3 月 31 日，我也到達了這裡。在加德滿都休整時，我們特意去看了一場尼泊爾印度教的現場火葬葬禮。雖然我小時候好動，在別人眼裡是一個膽大不怕事的姑娘，但其實我也曾被一

尼泊爾當地火葬現場。

條細小的玉米蟲嚇得尖叫大哭，內心永遠都抹不去女孩情感脆弱的一面。如果是平時，我一定不敢去火葬現場，但那天我內心卻出奇地坦然。火葬就在一條小河溝邊舉行，是一個開放的區域，路人、遊客都可以參觀。當地人離世以後，要先用河水把死者的遺體仔細擦洗一遍，完成他生命里程的最後一次洗禮，然後再根據逝者的身分，用金色或者白色的布將遺體包裹起來，放在河邊已經搭好的火架上焚燒。死者的親人會全程陪伴，他們就蹲守在遺體旁邊，靜靜地看著親人在熊熊燃燒的大火中一點點化成灰燼，升上極樂世界。大多數親人都不會號啕大哭，甚至不會流淚，只是平靜地看著親人變為灰煙流逝。從他們的

眼神和神態裡，我感受到一種超越痛苦超越眷戀的解脫。也許這就是尼泊爾當地人最真實的心理寫照，就是這個民族信仰背後的內在支撐。就像在聖潔的雪山藍天的圍繞下，人只有食以果腹、衣以蔽體的基本物質需求，敬山愛人的內心世界永遠保留著一片屬於自我的淨土。

望著火葬現場熊熊的火光，我不禁陷入了沉思。回想我以前的生活，簡單快樂。兒時的快樂就是吃飽肚子，如果能有一顆糖，那就是世界上最幸福的事了；工作之前，是個從來沒有出過縣城的傻傻村姑，像一隻被關在籠子裡的鳥，欲飛不能，甚至籠門被打開也不知道該飛往何處；十九歲遇見自己喜歡的人，就死心塌地在一起；然後選擇了一份自己熱愛的事業，不管多大的困難都堅持了下來，在不經意的堅持中經歷了快樂無比的喜悅和成長。

有時，我甚至天真得想用腳步去丈量自己與天空的距離！

我以前很少想到生死命題。是登山讓我有機會直面生死，逐漸開始思考生命的意義。像登山一樣，生命其實也可視為一個過程。來來去去，留下的只是記憶，或者豐富，或者簡單。但這個過程帶給每個個體的人生啟迪卻千差萬別。

我又該怎樣尋找到我人生存在的意義和價值呢？

登山是我的夢，但我不會像職業登山家那樣，把登山看作

生命的全部，我更不想把自己的生死交給雪山。我認為，不管多有成就的攀登，對個體而言，都不值得用生命做交換，失去生命就意味著失敗。這也許是我無法達到那種對山熱愛的癡狂境界的原因。我曾在雪山腳下看過很多登山者的墓碑，也在攀登過程中遇到過不知何年被凍僵依舊保持著攀登姿態的登山者遺體。每當遇到這樣的情形，我心中更多的不是害怕，而是平和、鎮定，甚至有時會大腦空白、停止思考，或許還些許淡漠。想想誰都會面臨這一天，最終，所有人都將悄無聲息地離開這個世界。那麼，當我還存在於世的時候，又該選擇去做些什麼呢？

　　我希望從不同的「攀登」中慢慢地去尋找答案，更期待在艱難困苦、生死之間的極端環境下更好地認識自己。

　　攀登珠峰，我選擇了羅塞爾（Russell Brice）的 Himalayan Experience 登山探險公司（簡稱 HIMEX）。這次登山隊伍有來自十一個國家的十八名隊員組成，其中中國隊員包括王石、汪建（汪老師）、呂鐘霖、陳芳（阿芳）、李紅海（洪海）和我六人，還有一名隨隊記者陳壯茁（大壯）。

　　羅塞爾是國際知名的登山探險公司的掌門人，在山裡被夏爾巴親切地稱為 Big boss，是國際登山組織少有的傳奇人物，被大家尊稱為喜馬拉雅王子。他有過十四次登頂 8000 公尺級山峰的經歷，曾兩次登頂珠峰，九次登頂卓奧友峰，兩次登頂

生命就像登山，每一座瑪尼堆代表的都是一個不同凡響的故事。

呂鐘霖、汪健、王靜、陳壯茁、陳芳、王石、洪海。

尼泊爾 Ama Dablam 峰，二十一次登頂紐西蘭最高峰庫克山，十五次登頂紐西蘭 Aspiring 峰；完成了從卓奧友峰頂的高山滑翔傘飛行和滑雪；保持著個人無氧獨自攀登卓奧友峰（海拔 8201 公尺）的世界最快紀錄（十一小時登頂，三小時下山）；首登尼泊爾 Himal Chuli 峰（海拔 7540 公尺）；用時三小時二十分登頂尼泊爾 Ama Dablam 峰；作為技術總監完成「熱氣球跨越珠峰」等挑戰；他有三十多年在喜馬拉雅山區組織登山探險活動的傳奇經歷……

羅塞爾的喜馬拉雅情緣起於艾德蒙・希拉里爵士（Sir Edmund Hillary）。2013 年是人類登頂珠穆朗瑪 60 週年，60 年前的 1953 年 5 月 29 日，紐西蘭人希拉里成為世界上第一個登頂珠峰的人。但他數十年來為尼泊爾教育和醫療事業的發展所做的努力，更值得尊敬。希拉里晚年成立了以自己名字命名的

基金會，將主要精力用於公益事業。他致力於改善尼泊爾夏爾巴人的生活，出資幫助當地修建學校和醫療機構，並全力支援和推進環境保護事業。希拉里親自負責創建了兩所醫院、十三個醫療診所以及超過三十所的學校的資助。2003 年，在成功登頂珠峰 50 週年紀念日的當天，希拉里被授予尼泊爾榮譽公民稱號。2008 年 1 月 11 日，希拉里因心臟病發作去世，享年八十八歲，紐西蘭為他舉行了本國最高級別的國葬。

希拉里去世後，羅塞爾延續並實現了希拉里很多沒有完成的心願，一邊繼續支持維護著這些學校和醫療機構，一邊經營著自己的登山探險公司。從上世紀 70 年代開始，他一次又一次地幫助那些狂熱的登山愛好者，充滿激情又十分理智地實現了一個又一個攀登夢想，僅參加他的隊伍實現珠峰登頂的攀登者就已經超過五百人次。他敬畏雪山，也愛這裡的人民，每年的登山過程中他都會義務組織大本營或者更高海拔的垃圾清理工作，這樣的舉動無疑為登山的夏爾巴和其他登山者樹立了很好的榜樣，向社會傳達著綠色環保理念和人類敢於挑戰未知的勇氣。這些行動讓我清晰地感知到，登山代表的絕對不是征服，而是人與人、人與自然的一種親密融合，是靈魂與雪山之間的共鳴。

羅塞爾的登山隊有其獨特的管理。首先在接收客戶報名時

有嚴格的審查——他們必須取得合格的醫院體檢證明。在客戶正式報到前，他都盡可能親自瞭解他們每個人的情況。審查合格後，如果他認為有必要，會針對每個客戶的情況給出訓練的專業建議。

羅塞爾隊不僅有舒適的營地、先進的通訊設施、豐富可口的食物，大本營還有醫療點，隊醫也會一直在營地值守。此外，更重要的是，隊伍中有分工細緻的夏爾巴隊伍，專門負責炊事、後勤、修路，此外還有職業的高山嚮導與隊員一同攀登。衝頂珠峰時，羅塞爾會為每名隊員配備一名夏爾巴協作，每六到十個客戶配備一名職業高山嚮導。這些固定的崗位保證了每名隊員在山上每時每刻的位置、狀態，從而可以避免許多隱患風險，最大程度地保障隊伍的安全。

在羅塞爾的隊伍裡絕不養「老爺」，更不提倡「保姆式登山」理念。以珠峰為例，在 6500 公尺以上的營地，他的隊伍只提供燃料、炊具、睡袋和防潮墊，其餘物品都要隊員自己背負；在 7400 公尺以上，睡覺、衝頂時的氧氣配給使用都有嚴格的規定。適應階段通常有嚮導和兩名夏爾巴隨全隊攀登，保障安全，但為了培養隊員能力，他們不會幫客戶背東西。更多的安全措施還包括：隊員在危險路段必須戴頭盔，通過孔布冰川時每人攜帶雪崩搜救器，攀登全程每人都配備對講機。看起來這些都

增加了攀登的負重，但一旦遇到危險都可能成為救命的「那根稻草」。

羅塞爾在營地一直擔任著隊伍總指揮的角色，對隊伍裡的職業嚮導和夏爾巴的情況瞭若指掌，只要有人在山上，他通過對講機就隨時知道他們的位置和狀況。隊員衝頂前夕，他會整夜守在大本營的電臺工作室，時刻關注隊員的行蹤，他們什麼時間出發，到達什麼位置，什麼時間返回等等。登山對天氣的掌握非常重要，他會根據現場的天氣情況，結合自己多年的經驗和多個天氣預報的衛星雲圖分析，判斷最佳的登頂視窗期。

羅塞爾的公司曾經協助過年屆七旬的老人、十幾歲的少年，甚至雙腿截肢後安裝假肢的登山者，安全登頂珠峰。羅塞爾以他嚴格甚至嚴苛的管理方式，征服了全世界登山圈最挑剔的眼光。

從加德滿都去往珠峰南坡大本營（EBC-Everest Base Camp），要先飛到魯克拉，然後徒步一週才能到達。在路上的一家客棧裡，我碰到了一家德國人，父母帶著四個孩子，最小的孩子僅五歲，最大的才十一歲。父母是想用這種方式告訴孩子，要學會用自己的視角觀察這個世界，經過辛勞獲得自己所需要的知識和快樂。這樣的親身經歷應該會比在書本上讀一百遍珠峰介紹來得更有成效。在如此高的海拔進行徒步，於成人都是挑戰，更何況是這麼小的孩子們。我想，沒有幾個中國家

長會選擇讓孩子受這份苦，我自己也不例外，發強對孩子更是百般呵護和寵愛。雖然女兒三、四歲時我就帶她們爬山，一路讓她們自己走上去，身旁的遊客都小聲嘟嚷著：「這做媽的可真捨得……」但是，我還是沒有勇氣在這麼小的時候帶她們到珠峰腳下。若不是親眼所見，我可能也不相信，最後，這麼小的孩子居然一個不落地都到達了 5364 公尺的珠峰大本營！她們用小小的可愛的笑臉告訴我：可別小瞧我們。

路上的心情不總是輕快的，有時也會變得沉重，特別是路過遇難的攀登者墓碑時。當我正從墓碑走過時，身邊的隊友問了我一句：「假如你這次回不去，會怎樣……」還沒有從這片墳碑中清醒過來的我，面對這樣的假設，立即就情不自禁地偷偷哭了。由於是在急速行進中，5000 公尺海拔上缺氧本來就讓我喘不過氣來，我不得不一邊擦著眼淚，一邊停下來大口大口地喘氣。

進山後的幾天，我感覺自己越來越脆弱，不單單是身體上，還有情緒上的低落。自從踏上了珠峰的征程，心中就多了一些對家人的牽掛。父母一直跟我在北京生活。有時候媽媽怕我擔心，我不在家期間，她即使生病了也不告訴我。想到父母對我的期待和牽掛，甚至我因果斷的離去而心情變得傷感沉重。父母為這個家付出得太多，尤其是母親，為我們這個家傾注了一

生的心血。如果我在山裡有什麼意外，家人該怎麼辦啊？

不敢再往下想。

記得在加德滿都醒來躺在床上聊天的那個早上，我跟同屋的阿芳聊起與父母離別時的感受，她很堅定地告訴我：「不管怎樣，我們都要活著回來。」於是我也給自己下了一個命令：「無論如何，一定要活著回去。」阿芳在深圳華大基因工作，是個酷愛戶外的單身女博士，隊伍裡有這樣的女生做伴是一件幸運的事。

4月9日，我們到達了海拔5364公尺的珠峰南坡大本營。

這是我第一次來到珠峰南坡腳下，珠峰南坡大本營搭建在孔布冰瀑下方的位置，表面全是亂石，亂石下面就是貫通孔布冰川的冰脊地帶，旁邊還有一些冰潭。這裡是一個三面環山的山谷，周圍的崖壁上有很多積雪和懸石。白天在營地，經常會看見雪崩和滾落的石頭。在寂靜風清的夜晚，雪崩和滾石的聲音更加清晰入耳。剛開始我還覺得很緊張，連續住了幾個晚上之後，對雪崩和滾石的聲音就習以為常了。

4月14日一大早，下雪了，大本營地上到處都是白茫茫的，這樣清冷純淨的感覺讓人發呆。到了晚上，轟隆隆的響聲突然密集了起來，我開始還以為是雪崩，可是仔細一聽，那聲音一波接著一波，我才明白，原來是四周的雲層裡打雷了。這天晚

上又下起了大雪，這個晚上，帳篷裡非常寒冷，我套上兩層睡袋，又把所有的衣服搭在睡袋之上，然後小心翼翼地鑽了進去，在這樣的無盡相思的冰雪之夜，我想讓自己睡個踏實覺。可事實上，一整夜我都沒法進入深度睡眠。夜裡的風很大，四周稍微有一點動靜，我就馬上睜開眼，半天再也難以入睡。我聽到不遠處帳篷裡王石一直在咳嗽，直到早上還未停歇。但是不到7點，他就已經起床了，在帳篷外喊隊友大壯的名字，一直喊到大壯出聲答應為止。前幾天大壯一直說他晚上感覺不好，睡不著，頭天晚上的狀態更是不好，看起來「高反」很嚴重，整天都很難受的樣子。估計是王石比較擔心。他聽到大壯的回答，就繼續咳嗽著，慢慢地往營地外走去。

王石幾乎是我們隊伍裡每天起得最早的一個，即便是在5000多公尺大本營這樣寒冷和缺氧的環境下，他都能保持這樣的習慣，真讓我敬佩。他馬上六十歲了，還能登世界最高峰，這本身就是很多人不敢想像的一件事。一個人能保持這樣的精神狀態，需要多大的付出、艱辛與堅持啊！有一次聊天時聽他說，到七十歲的時候，可能還會來這裡。或許，這就是一個人內心深處最真實的願望。

也許，我們都是因為有一個願望，所以能隨時保持一種準備攀登迎接挑戰的良好狀態。

每位元登山隊員都會把心愛的物品放在煨桑的祭祀台前，面對雪山許下這世界上最崇高最虔誠的祈禱。 | 親愛的，你們一直伴我到頂峰。

王石還沒到七十，但是隊伍裡的日本老太太 Eco 真的已經七十歲了。她這次要和我們一起攀登珠峰。在她多次攀登珠峰的經歷中，其中有一次只差幾十公尺就到達了頂峰。這已經是她第四次攀登珠峰了，但這一次她只從 EBC 大本營堅持到 C2 營地，後半程一直是靠吸氧在堅持，最後，她的嚮導出於對她的安全考慮，不得不讓她從 6450 公尺的 C2 營地折返。2011 年，我攀登洛子峰，在進山徒步路上，沒想到，又碰到了她。她是和她的日本嚮導一起來的，她要第五次攀登珠峰。

到底是什麼樣的力量持續推動她來攀登？

終於，煨桑儀式開始。距離攀登的日子更近了。

我把女兒們送給我的代表她們和爸爸的小布娃娃放在了祭祀台前，心裡默默祈禱。想起女兒們送我娃娃時的情景，她們天真的眼神、清脆的聲音彷彿就在眼前：「媽媽，你帶上娃娃

就不會再那麼想我們了，這個娃娃是我，這個娃娃是妹妹，這個是爸爸……」此刻，她們的笑臉和童音無比溫暖，我心裡只有一個信念：「媽媽會帶上你們一起攀登，在攀登過程中，不管發生了什麼，媽媽都將永遠和你們在一起……」這時突然冒出了一種永遠不能再回來的悲壯感。

儀式結束後，大家跳起了舞，我被節奏明快而簡單的舞蹈和齊聲歌唱感動，和大家肩搭著肩跳起了傳統的夏爾巴舞蹈。大家齊聲喊著節奏，力求讓舞動的腳步更整齊，雖然我動作依然有些笨拙，但是快樂卻在聖潔而簡單的瞬間迸發出成倍的感染力。集體舞蹈結束後，幾位中國隊友推薦我代表中國隊為大家表演一個節目。當時激動的我腦子一片空白，看著來自世界各地的好幾十人他們睜大的眼睛期待的眼神，我隨口說：「那就唱《世上只有媽媽好》吧。」

一開始，我還帶著笑容撫著胸口入神地唱著——

「世上只有媽媽好，有媽的孩子像個寶，投進媽媽的懷抱……」

唱著唱著，想起遠在北京正在生病住院的孩子，就再也控制不住自己的情緒，眼淚流了下來，弄得不懂漢語的各國隊友和夏爾巴們莫名其妙。剛唱完第一段，我就跑到一邊找了一塊石頭坐下來，忍不住哭了起來。

真的想你們了。

我的珠峰大本營速寫。

　　隱約聽到有人說： Homesick……

　　這一路上，我和同為女性的阿芳聊得最多，感情細膩的她更懂我在想什麼，趕緊過來安慰。汪老師納悶：

　　「靜靜怎麼了？」

　　「想家，想孩子了……」

　　汪老師是華大基因的創始人，性格熱情爽朗，有時我也叫他汪大俠。後來，汪老師笑呵呵地調侃我：

　　「靜靜，本來今天是國際交流活動，你怎麼搞成了個人情感表達了？」

　　我抬頭看到他慈祥關心的眼神，不好意思地低著頭沒有吭聲，難為情地笑了。

　　在高海拔登山，缺氧、疲憊等等有時讓人的大腦無法正常

思維。有人說在那種環境下人就像孩子，各種反應都出於本能，不假思索。的確，在山上，隊友之間有時因個性也發生摩擦矛盾。可等回到山下再看，就覺得挺有趣、挺孩子氣的，於是也就煙消雲散、不再計較了。我和隊友洪海之間就發生了這樣一件不愉快的「版權風波」。

在攀登珠峰期間，登山愛好者都希望在自己力所能及的情況下多留下一些珍貴的影像記錄，高海拔攀登本身已經很難，要在攀登的過程中拍攝，更是難上加難。今天在孔布冰川下方適應訓練回到 EBC 大本營，因為洪海借我相機拍攝的事而發生了在珠峰大本營的「版權風波」。

這次登山，我帶了一台專業照相機——佳能 5Dmark2（俗稱「無敵兔」）和與之相匹配的 24mm-105mm 的鏡頭，準備全程攜帶拍攝平面素材，還可以帶上頂峰臨時拍高清視頻；還有一台 SONY 高清攝像機 CX550E；另外還有一個奧林巴斯三防的小型卡片機備用。在孔布冰川末梢的攀登訓練過程中，洪海提出要借用我的相機，我沒多想，立刻把相機借給了他，他套上他自己的超廣角鏡頭，拍攝記錄攀登過程。誰知，孔布冰川適應訓練結束後回到 EBC 大本營時，洪海告訴我，他今天拍的內容我不能免費使用，如果要使用，必須要支付他版權費。我一時無語，等徹底明白了他的意思後，覺得這要求也太離譜了，

在大本營看孔布冰川並不恐怖。

在大本營翩翩起舞。

我們之間因此爆發了一場爭論。

聽見我倆高聲對話，王石等隊友來為這事做中間協調人，我畢竟不是專業搞攝影的，所以版權不版權的，對我並不重要，關於我的拍攝素材，自從進山的那天起我就說過，我拍的所有素材大家都可以無償使用。我好心把自己費力背上山的相機無償借給他人拍攝，結果卻落得自己要用自己相機裡的東西還得給對方版權費？我實在不能接受這樣的要求，如果對方早有這樣的想法，也應該在借我相機時就提前告訴我。我並不是真想得到他今天拍攝的十幾分鐘的素材，只是覺得，凡事要有個公平說法兒。2009 年攀登瑪納斯魯時，我用他的攝像機拍攝了大量素材，版權也全都歸他，其中還包括我在 8000 多公尺頂峰拍攝的一個多小時的素材，這種拍攝是冒著攀登之外的附加風險，不是每個人都有這樣的意願和能力的。他當時事先告訴我，我拍攝的內容我沒有版權，我也認可了。這說明他應該默認：用我的機器拍攝的東西，版權應該屬於我才對，而不是因為他套上自己的鏡頭就需要我付他額外的版權費，怎麼角色互換後規矩就改變了呢？我怎麼也無法接受他提出的要求，最終還是堅持我最初的想法：今天他所拍攝的內容雙方共用（各自擁有50% 的版權），如果以後還用我的相機拍攝，我只能接受素材雙方共用，要麼就別再借用我的相機拍攝。

　　極限環境，往往會把人最本性的一面曝光出來，涉及自身利益和自身安危處理方式也完全不一樣，有時候大家也會開玩笑說：「要考驗一個人是否合你心意，就讓他／她來和你爬一次雪山，就什麼都知道了。」因為這裡的一切都來得太不容易，不管是受人認可尊重還是遭到厭惡的行為，都是被旁觀者拿著放大鏡在看。隨著時間的推移我們的記憶也許會變化，但是，珠峰會記得來過的每一個人和所做過的每一件事……

　　珠峰腳下的這場「版權風波」引發的一系列的不痛快，就像忽而飄過的雲彩，雖然短暫遮住了天空，但是對於我這個大大咧咧的人很快就煙消雲散了，又回到了原本的輕鬆、簡單狀態。我甚至坐到帳篷外自己畫了一幅珠峰大本營的速寫。

　　正式的攀登訓練開始了。為了減少通過孔布冰川的次數，4月18日，羅塞爾決定讓登山隊員下到4910公尺營地，去攀登6119公尺的羅布傑峰（Lobuche）作為前期的適應性訓練。隊友汪老師沒有同行，他的腳傷嚴重，只好和羅塞爾一起留在EBC大本營守營。想起他站在EBC營地朝我們揮手送別的樣子，多少替他有些擔心。我們這一離開就得八天時間，通常，隊員因為各種原因不能與大家一起訓練時，會帶來很大的心理落差。汪老師出發前就去醫院看過自己的腳踝，據說腳踝軟骨

上有兩個孔，外加哮喘性咳嗽，醫生建議他不要再從事高強度的劇烈運動，但他還是選擇了今年和大家一起登珠峰。為了實現自己登珠峰的願望，每個人都需要提前準備，在過程中克服遇到的種種困難，甚至極端到不管不顧的狀態。我不禁想到：到底是什麼樣的魔力支撐著攀登者勇往直前？

　　4 月 20 日早上 8 點，帶著一台攝像機和兩台照相機，我到達了海拔 6119 公尺的羅布傑頂峰。三台機器都派上了用場，不過，它們的確夠沉的，一路上的拍攝也加大了攀登的額外負擔。今天的適應性訓練攀登，我精力非常集中，腳步和心情一樣暢快。我的狀態讓一直在我前面的領隊 Adrian 覺得吃驚，Adrian 是攀登 8000 公尺雪山實力強悍的嚮導，在一個登山季裡，有時候，因為工作需要，同一座山他會登頂兩次。這一次，因為我的表現，他送給我一個親切的稱呼——Sherpani（女夏爾巴），在徒步大本營的路上，會見到當地的女人幫著背東西，但是真正登山帶客戶上雪山頂的 Sherpani，我還一次沒有見過，也從未耳聞。

　　中午 12 點多，大部分登頂隊員都下撤到了中間的休息營地。阿芳今天狀態就和我當初在卓奧友一樣，不是太好，沒能到達頂峰。我在下撤途中遇到她。正準備和她一起下山，到低營地時又發現大壯的狀態也特別不好。我問他需要什麼 明，他

說：「背包太沉了，夏爾巴又不肯幫我拿攝像機。」我拎了一下他的包，還真是有些分量。我親身體會過在攀登過程中缺氧、頭疼的感覺有多麼難受，所以我能理解，第一次攀登這麼高海拔的山還要扛著攝像機，對於大壯會有多艱難。仗著今天狀態好，於是我提出和他交換背包，把他的背包背下了山。晚上還去廚房給大家做了一鍋蛋炒飯。

晚飯後回帳篷收拾東西，然後寫日記。登山時我幾乎每天都寫日記，在缺氧的環境中，如果當天不記錄下自己的經歷和心情，之後幾乎能記憶起來的部分會很少了。

在山下經過兩天的休整之後，4 月 23 日上午，為了再次適應高海拔，大家又一次攀登到 6119 公尺羅布傑頂峰。在快到頂峰的途中，藍天碧雲，清晰地看見了對面的珠峰，Adrian 幫我抓拍了一段我和他之間關於珠峰方向的對話視頻，從他的問話和拍攝角度，能感受到他具有很好的高山拍攝經驗，同時也顯示出超強的攀登能力和綜合經驗。下午 3 點，同隊也準備攀登珠峰的 Nab 才到達頂峰營地，他是隊伍裡最後一個到達的，一共用了十個小時，不難看出他登頂時的極致疲勞和艱辛，但當他到達頂峰時，臉上依然掛著笑容。他背著一塊重重的太陽能板，一個人堅持到了頂峰，為了減輕壓力和轉移注意力，攀登過程中他一直聽著 MP3。當 Nab 背著大大的太陽能板，像電影

珠峰路上的「奧特曼」。

上得珠峰，下得廚房。

裡超人的造型一般，終於站在營地前面時，隊友紛紛從帳篷中
鑽出來，給他熱烈的擁抱和鼓掌。真的佩服他的毅力，太頑強
了。在最艱難和危險的路段，並不建議戴耳機攀登，戴著耳機
聽音樂心情是會很輕鬆，但也會讓攀登者忽視對攀登中不安全
因素的思考，從而加大危險。後來下撤回 BC 營地時得知，Nab
在下山途中小腿骨折，無法繼續下撤，最終叫來了直升機救援，
需要馬上送到加德滿都進一步檢查並治療。

　　為此，王石回到營地把阿芳給批評了一頓，說：「我們中
國隊應該吸取教訓，下山跑那麼快嗎？要把握好節奏。」我心
想，王石這是「醉翁之意」，一定是在批評我，這次適應攀登，
我的狀態非常好——第一個到達頂峰又是第一個下山，早上 7
點，我和阿芳一起下撤，9 點就到達營地。不過，隊友的提醒
是非常必要，登山不是逞強，每個人都應該把握好自己的節奏。

　　羅布傑山峰的適應訓練結束之後，接連幾天，我們都在
EBC 大本營休整，等待下一個更高海拔的適應訓練。因為感覺
這幾天的攀登狀態和心情越來越好，在回 EBC 大本營途中，我
產生了一個大膽的想法：如果這次登珠峰順利，在條件允許的
情況下，是否有可能緊接著再去攀登 8561 公尺的洛子峰呢？

　　閒暇時，我們一方面休整，一方面也在大本營開各種主題
的「研討會」。這天晚上，「不幸」的事輪到了我。EBC 大本

營的餐廳帳篷裡，開始了一場「批鬥大會」——大家開始對於
此次活動由探路者公司贊助的各種裝備「拍磚」，紛紛就探路
者的產品及 Logo 應該怎樣改進才會更好等問題提出了各自的
建議。以王石帶頭的這次敞開心扉的「批鬥」，並未讓我覺得
難堪，反而是對我的鼓舞和厚愛。大家在這樣生命攸關的極限
環境能選用探路者的產品，就足以說明他們對探路者品牌和品
質的信任以及對未來更大的期望。這次到珠峰，我使用的都是
自己設計、改進的探路者產品。珠峰南坡是戶外愛好者展示自
我的國際舞臺，登山者都會帶上自己最喜歡的新產品，無疑這
也是研發新產品的好時機，親自體驗更是研發戶外產品不可缺
少的過程。每一次戶外活動結束，我都會到探路者產品中心開
會，分享遇到的各種產品問題和新的產品設計理念。

　　在大本營我們也時不時地互相「串門」：隨隊友們去附近
營地探望黃怒波，他熱情地接待大家，請大家吃午飯。之後，
我們也邀請他到我們的營地吃晚飯。我和阿芳親自下廚，和廚
師一起做了一頓中國的川菜給大家換口味解饞。我們隊伍的熱
情和美食，也迎來了隔壁隊伍裡的兩位會說中文的帥哥（臺灣
的王健民和新加坡的連仲倫）也經常來串門，以致他們隊裡的
女隊員都嫉妒不帶她一起來串門。

　　今天羅塞爾為大家準備了一個 Party，大家在 5364 公尺的

大本營又唱又跳，享受了難得的輕鬆。準備迎接下一個無氧攀登到珠峰 7400 公尺的艱巨任務。而首當其衝的就是越過著名的孔布冰瀑。

　　位於海拔 5300 多公尺到 6100 公尺之間的孔布冰瀑，是珠峰南坡最危險的地段之一，也是珠峰攀登史上奪走最多生命的地方。珠峰西肩、洛子峰與努子峰上的冰雪聚到西冰斗後，在重力的作用下緩慢西移，直落 800 公尺後注入這裡。這是一段活的冰瀑，受地勢和氣溫的影響，每天孔布冰川都在下移。上百公尺厚的冰層在這裡斷裂、坍塌，變得支離破碎；深不見底的冰裂縫縱橫交錯；巨大的冰塊東倒西斜。登山者膽顫心驚地前行時，不僅要留意腳下，還要提防隨時都可能突然開啟的冰縫和崩塌的冰塔，還有那高高懸在冰瀑兩側的幾十公尺厚的浮冰，隨便掉下一塊，上百噸重的冰層很快就會在岩壁上製造一場雪崩。孔布冰川就像一頭喜怒無常的巨獸，任何人都無法預知它何時會突然發怒，導致冰雪崩塌呼嘯而來。在大本營，隨時會聽到周圍雪崩的聲音。

　　我曾經不止一次在電影和資料中看過關於孔布冰川的描述，但是，真到出發時，心裡依然沒底。頭天晚上，大家聚在一起，看了 2009 年美國探索發現頻道（Discovery）拍攝的反映珠峰南坡攀登的紀錄片《聖母峰：攀越極限》（*Everest: Beyond*

the Limit)，當時，攝製組用了三年時間跟拍的就是羅塞爾帶領的攀登珠峰的隊伍。在這部影片裡，一位年輕的夏爾巴人就在孔布冰川遭遇雪崩，永遠地留到了那裡。2009 年 5 月 7 日上午 11 點左右，珠峰西肩突然發生了那個登山季裡最大的一起冰雪崩。三名隊員在雪崩區與大本營失去了聯繫。營救人員從冰縫裡救出了兩名受傷隊員，另一名夏爾巴永遠被埋在了雪下，人們只找到了他被雪崩打掉的背包和一隻靴子……

前幾天從移動的孔布冰川中發現了一具不知哪年遇難的登山者遺體，還有被冰川撕裂得只剩下肢體的遺體，想到這樣的場面我的身體發麻。

孔布冰川的腹中是搖晃的冰塔，無處不是大大小小的冰裂縫，很多冰裂縫大得只能借助鋁梯搭橋才能順利通過，通過孔布冰川的最後一段，需要爬一個垂直的冰壁，爬上去後需要接著繞過巨大的冰裂縫才能到達 C1 營地。在通過孔布冰川時，我們都盡力要用自己最短的時間通過，如果遇到雪崩，那就會很難跳出魔掌。

在 C1 營地稍事休息後，我們繼續向海拔 6450 公尺的 C2 營地進發。汪老師和阿芳留在了 C1。汪老師還是腳傷未癒，阿芳前幾天開始感冒，體力不佳。從 C1 到 C2，我大約用了四個小時，全程都背負著自己的所有裝備，最後路段感覺背包越來

越沉，頭也疼，真的給累壞了。一名隊友狀態不佳，把自己的背包給了夏爾巴，自己一個人走在後面，後來天氣變冷，他冷得受不了，又讓夏爾巴送羽絨服給他，這樣的「折騰」，無形會給攀登帶來很大風險。

到達 C2，極度疲憊，晚上躺下睡覺時，一直覺得喘不過氣來，夜裡一個人帳篷裡翻來翻去，而且由於白天太疲勞，「高反」嚴重，更感覺寒冷無比，身體一直緊繃著。在痛苦的折磨中無法入睡，最後一次看錶已經是夜裡 3 點多了。四周寂靜得連隊友的呼吸聲都清晰入耳，還有風和雪崩聲。就這樣一直煎熬到了早上。上午我們留在 C2 營地休息時，遇到從 C3 下山準備回 EBC 大本營的黃怒波。他是登山的前輩，但也說：「這次從 C2 到 C3 走得很慢，如果下次還是這麼慢，就準備吸氧上去。」聽似一句玩笑話，實際上，是給我打了預防針。憑我的經驗，無氧上升到 7400 公尺的攀登，將是我攀登 8000 公尺雪山以來最艱難的一段路程。

高興的是，阿芳從 C1 趕了上來。不過，到達 C2 之前，她發出了求助資訊，說是包太沉了，我去迎接了一段，剛接過她的包，她馬上又脫下了她的安全帶要遞給我。我笑著說：「你真把我當女夏爾巴了！」最後那麼短的一點路，她大約走了半小時才到達，真的是已經疲憊到了極致，但真是個毅力超人的

「恐怖」的孔布冰川。

女博士。晚上看到她的狀況，我才體會到她當時的難受程度有多嚴重。我們一直聊到了 10 點多才慢慢合上眼睛進入似睡非睡的高反狀態。當我迷迷糊糊進入夢鄉的時候，我隱約覺得她爬出了帳篷，我以為她去「方便」，過了一會兒，我聽到她和嚮導說話的聲音，探頭一看，兩名嚮導正在我和阿芳住的帳篷裡給虛弱的她戴氧氣面罩。我嚇了一跳，趕緊坐了起來。

阿芳有氣無力地說：「我血氧含量現在只有 44，難受、頭暈，需要吸氧。」我這才反應過來，「我也頭很暈。」我說。嚮導拿來血氧儀給我測量，我的血氧含量也只有 46！阿芳見狀，勸我：「靜靜，你也吸兩口吧。」我想了想：「算了，昨晚我一直咳嗽到 3、4 點才進入睡眠狀態，今晚的狀態好像比昨晚好點兒，我還是扛著吧。」

領隊找來了藥（Diamox）讓阿芳服用，劑量是一片半，也建議我吃半顆。嚮導臨走前還叮囑我夜裡觀察阿芳的狀態。嚮導走後沒一會兒，我也熬不住了，閉上眼睛迷迷糊糊地睡了。第二天，原計劃是去 7400 公尺的 C3 營地，可是早上起來風雪交加，大家不得不再多休整一天。由於身體原因，領隊建議阿芳一早立即返回 EBC 大本營觀察休息。

經過三天休整，5 月 3 日一大早，我們開始向 C3 攀登，C3 海拔 7400 公尺左右，這是我適應期間最難的一關。這幾天

我一直都在頭疼，狀態是進山以來感覺最不好的時候。出發時氣溫很低，領隊建議所有人都穿上厚厚的連體羽絨服。開始路段我還能和大家同行，半小時後我就跟不上了，看起來很近的一段接近水平的緩坡，可是怎麼也走不到 C3 洛子冰壁跟前。

到 C3 的路，過了緩坡後，接下來是很陡的冰雪混合路段，大多數都是陡峭、光滑、堅硬的冰壁，對臂力要求很高。因為昨晚的持續「高反」，我缺氧頭疼得厲害，手腳也快失去知覺了，左臉在迎風的冰雪吹打下，也已經由刺痛變得麻木，左邊小腿以下直到腳趾也都麻木了，動作有些變形，一步一步搖搖晃晃向上攀爬。

我知道那種感覺是什麼了──接近崩潰的邊緣。

我甚至沒有注意到，在前面繩索的一個節點處，坐了一個我們隊伍裡的夏爾巴協作。我從他身邊經過，他跟了上來：「Do you need help?」我指著我胸前掛著的攝像機：「My video?」他看著我：「Are you sure?」接著，他又問：「Your bag, give me.」嚴重「高反」導致我頭暈目眩，甚至有些迷糊，眼睛在風雪中半睜著，勉強打起精神站在那裡看著他，他點頭示意我把背包給他。當我解開了背包的胸扣，他已經替我解開了腰間的快扣，他把我的背包卸下並接了過去，然後一步不離地跟在我搖晃的身軀後面。

　　卸下了背包，身體沒有額外的負重，我慢慢感覺狀態稍稍好一些，接著向上攀爬了大概二、三十分鐘，但心裡卻慢慢變得難受起來，心裡對自己說：「你還登山呢，包都需要別人幫你背……」我半彎著腰努力在冰雪混合的雪壁踩穩，左手撐著左膝蓋，右手抱在胸前，小心地轉過頭，斜看著向下，看著那個夏爾巴說：「My bag. I can try again.」嚮導毫無表情地看著我，沒說話，那神態彷彿在說：「你自己都狼狽成這樣子了，還逞能？」

　　看他鎮定默然無語，我也不知道自己哪根神經被觸動，轉過身來，眼淚混合著風雪，突然就湧了出來，散落在空中瞬間結成了冰粒，此時就像天空中下起了冰雹。我開始哭出了聲，抽泣得上氣不接下氣。嚴重缺氧讓我的動作和思維整個變了形，精力瞬間分散，腳下一下踩滑，猛地向他滑墜過去。夏爾巴還沒有反應過來是怎麼回事，我已經滑落到距離他兩、三公尺的跟前，他本能地把我擋住，接著連扶帶拽把我費力拉扶到了雪崖邊的帳篷門口避風處坐下。這時，我因上氣不接下氣的抽泣幾乎呈現窒息狀態，嚮導確認我坐穩不再下滑後，一邊用對講機與已經到達 C3 營地的領隊及大本營聯繫，一邊不時地看看情緒還未穩定下來的我。

　　大本營醫生通過對講機暸解了我的狀況後，讓他給我吃幫

助血管舒張提高血氧含量的藥，就是昨晚我血氧含量只有 46 時口服的那種。但是這藥吃了以後，藥性持續時間可以達到十小時，我在上午攀爬過程中四肢有明顯的麻木感，好長一段時間左臉都是麻的，嚴重影響到攀登的進程。

我堅持不吃藥。嚮導非常嚴肅地問我：「你想不想再往上走？」我沉默，然後肯定地點點頭，他告訴我：「想繼續往上走，就必須吃藥。」我真不知道該怎麼辦。洪海在旁提醒我：「你裝著吃下去，把藥壓在舌頭下面，再吐出來就是……」我突然眼前一亮，反應了過來，照著他說的樣子，假裝把藥吃了下去，然後趁著嚮導沒注意，偷偷地把藥吐了出來，白色的藥混合在白雪中消失得無影無蹤。

後來，我向一位高山醫學專家聊起珠峰這段經歷和卓奧友發高燒時血氧含量只有 42 的事，他嚴肅批評我不知道愛惜自己的身體。他說，人在海拔 6000 多公尺時血氧含量只有 42，算是低到生命極限，這種情況下的測試結果表明，腦細胞會快速死亡，隨時可能引發腦水腫、肺水腫之類的高山疾病。另外，有些高山疾病當時不會有什麼嚴重表現，也許過十年八年就有反應了。難怪醫生一定堅持要讓我服下這種藥。但我當時的判斷是，一旦服用了這種藥，身體的麻木感一定會加重，我肯定爬不到 7400 公尺的 C3 營地，況且醫生要求我吃到一片半，是

原來劑量的三倍，一定不能繼續攀登，結果只能是下山，打道回府。根據以往的經驗，如果我不吃藥，哪怕是一步一步挪，我一定也能堅持到營地。不過在那樣的環境，我從來沒有考慮過有多少腦細胞會死亡而不會再生，也沒有考慮過將來自己是否會變成呆子。

在風雪交加的雪崖帳篷口待了大約十幾分鐘，我喝了一些熱水，穩定了一下情緒，繼續向上攀登。接下來需要攀爬的是一片硬的亮冰區。風越來越大，捲裹著被前面的攀登者踢下的冰屑猛烈甩到我臉上，即使戴著大大的雪鏡，臉部也被冰雪打得生疼。遮擋臉部的脖套早已在風雪和呼吸出的霧氣中結成了冰殼，臉部從未有過的疼痛，讓我感覺到左邊迎著風雪面麻木的臉部這次一定是被凍傷了。

風雪中我竭力往上攀登。冰壁很硬，經過幾經折騰的我，體能快速下降，腿腳早已沒有了衝擊力，冰爪很難踢進冰壁裡，也不容易抓穩，臂力、腿力都在大大減弱，感覺自己隨時可能滑下去。大風呼呼地伴隨著雪和冰花，眼鏡上全是凝結的霧氣和雪花，幾乎看不到冰壁上哪兒是前者踢過有痕跡的地方，腳踩不踏實，只能憑信念努力站穩，一步一步向上攀登。嚮導不時回頭，不斷地鼓勵我，我已經看不清他的眼神和手勢了。

大約又過了兩個多小時，終於在大風雪裡到達了 7400 公尺

的 C3 營地。

領隊 Adrian 著急地站在風雪交加的營地等我們。在營地不遠處，正巧遇到攀登馬納斯魯時我的協作拉克巴，他也趕緊過來扶我，最後幾步的扶掖已經完全超出了我當時的能力範圍，被扶掖進帳篷讓我喘不過氣來，我不知道這種難受勁兒，是不是超出能力範圍的急促死亡的前兆？

進帳篷後我只想睡覺，嚮導卻不讓。在他的堅持下，我喝了一些水，吃了一點方便粥，迷迷糊糊地躺了一會兒。後來感覺好點，自己堅持又燒了兩瓶水，在氧氣稀薄的 7400 公尺寒夜裡燒開水，需要花費的時間太長了，大約用了一個半小時才把兩瓶水燒開，灌滿了水瓶，接著馬上在冰冷的雪域中閉上眼睛。這一夜的高海拔適應，沒有用氧，迷迷糊糊堅持到了天亮。

第二天一早大約 7 點 30 分，我們開始下撤到 C2 住一晚；5 月 4 日一早 5 點，又開始往 EBC 大本營下撤。下撤這一路還是非常辛苦，剛一下撤，我就開始咳嗽，一咳嗽就頭痛、缺氧喘不過氣來，嗓子還發癢，在 C2 的晚上，一直咳嗽到半夜也沒有睡。回到大本營後，趕緊找隊醫檢查，第一次有這樣敏感的反應，很擔心自己患上了肺水腫之類的高山疾病。隊醫 Monica 用聽診器聽過，說沒有什麼大問題，讓我多喝水、補充些維生素。這下我放心了，一顆心落回到原處。這段時間一定

不能生病，只有這樣，才可能邁向頂峰。

　　回到大本營，手機有了信號，給家裡發了資訊報了個平安。怕家人擔心，我沒有說自己身體不好的事。我知道女兒因為咳嗽要去看病，很擔心，發強發了一條安慰短信——放心，孩子問題不大，安心登山吧，我今天在創業論壇還講了咱倆的故事：「創業不一定僅僅是磨難和痛苦，也有快樂、甜蜜的時候。」經歷了半死不活的我，這時情感變得異常脆弱，回憶起我們走過的艱辛與甜蜜，感動得熱淚盈眶。

　　從 C3 回到 EBC 營地之後，一直都是休整期。5 月 13 日上午，和羅塞爾探討珠峰登頂後再去攀登洛子峰的可能性。因為這次適應攀登期間充分展現了自己的綜合能力，被領隊稱作「Sherpani」這也給了我更大的攀登自信。在這之後，我的計畫是順利登頂珠峰後接著就去攀登洛子峰，如果登頂珠峰後還能保持良好的體能，那攀登下一座山就不需要再適應，會節約大量的攀登適應時間。不料卻得知，洛子峰我肯定是去不了了，原因是，今年珠峰登頂的時間太晚，接下來天氣會變得越來越熱，會有很多的雪崩，已經錯過了登頂的最佳時間；還有，直到現在，通往洛子頂峰的路線都沒有修好，直到我們談話時，今年還沒有一人成功登頂洛子峰，還有一名登山者在海拔 8000 公尺遇難。不能登洛子峰是令人失望也令人輕鬆的資訊，我不

用再考慮為洛子峰節約體能了，一心一意登珠峰吧。

　　經過一個多月的訓練適應，我們做好了最後衝頂的準備，期盼著登頂視窗期的到來。據羅塞爾介紹，每年春天適合登頂的好天氣只有一星期左右，這就是所謂的登頂視窗期。能否把握準確的視窗期，是成功登頂的一個重要環節。視窗期的形成是由地球的氣候特點決定的。由於大陸和海洋熱容量不同，日照後表面溫度也會不同。冬季海洋溫度高於大陸，反之夏季大陸溫度高於海洋。因為熱空氣上升後冷空氣會從側面來補充，於是海洋與大陸的季節性溫度差就造成了冬季由大陸刮向海洋和夏季由海洋刮向大陸的季候風。在 8000 公尺高空，季候風無遮無攔，非常強勁，不適合登頂。只有春秋兩季在季候風轉向時，高空才會短暫出現風力較小的幾天，而這幾天就是喜馬拉雅山的最好登頂視窗期。

　　珠峰地處中尼邊界，南面是印度大陸，印度東面是孟加拉灣。所以大致來說，當五月孟加拉灣上空大陸性冷空氣開始向北退卻時，就是登頂珠峰的最佳時機了。由於高低壓介面的移動往往伴隨著蝸旋狀氣流形成，所以一旦孟加拉灣上空蝸旋狀氣流形成並有北移的跡象，那就是珠峰登頂的信號了。時間太早，季候風還沒停；時間太晚，季候風轉向已完成，都不適合登頂。這個時間視窗一般是幾天，根據統計資料，大部分珠峰

1996 年 5 月 10 日珠峰山難中遇難的「瘋狂山峰」的負責人領隊斯科特 · 費舍爾之墓。

登頂都是在 5 月中下旬的視窗期完成的。

　　視窗期每年的具體時間都會有前後變動，而且往往還會在 5 月初產生時間較短的小窗口。雖然現在衛星監控技術的發展已大大提高了天氣預測的準確性，但衛星技術只能預測風雪的到來，而在預測具體到來的時間和規模上都會有一定的誤差。所以，能否根據衛星技術及山裡具體氣候作出最後的準確判斷，是測試登山領隊水準的一塊試金石。以 2009 年為例，5 月 19 到 23 號這個大視窗是各隊都能抓住的。但對之前小窗口的捕捉結果卻各不相同。羅塞爾抓住了 5 月 5 日這一天轉瞬即逝的穩

定日，指揮夏爾巴成功修通了登頂道路，同時也準確預測到 5 月 10 到 11 日的小窗口風速不理想，於是叫停了他的隊伍。而 International Mountain Guides（簡稱 IMG）隊則決定在 10 到 11 號嘗試衝頂。結果，不但從大本營登上南坳後無功而返，還導致一名隊員下撤時受傷提前離隊回家。不過，即使被央視記者稱讚比官方氣象資料預測還準確的羅塞爾，也有犯錯誤的時候：2007 年，他在卓奧友的天氣預測上犯了錯，沒能使他的隊伍登頂。可見，準確預測時間窗口是一件多麼難的事。

由於視窗期非常短暫，所以營地的登山隊大多都會計畫在同樣的時間段登頂。登山者的攀登速度不一樣，在狹窄路段只能一個接一個前行，只要有一個人的攀登速度慢下來，就會嚴重影響到整支隊伍的速度，造成「堵車」現象，這樣的狀況也是一個很危險的信號：第一，速度慢下來非常容易凍傷；第二，通過孔布冰川的攀登時間延長，遇到雪崩的可能性就會加大。所以，在這樣危險的路段，大家都將以最快的速度通過，包括在途中拍片子，也一樣會加大攀登危險。

除了氣候因素，登山過程中隨時還有可能發生意想不到的事，有時候哪怕是一個小小的疏忽，都會造成不可避免的傷害。在攀登訓練期間，羅塞爾會親自給隊員講一些攀登過程中發生的真實案例，進行分析和講解注意事項。比如，我們登山過程

中都使用無線電對講機。而對講機的性能決定於選用的功率大小，而且與使用環境有非常大的關係。如果兩台對講機之間有阻礙物，或者遇到低窪地形等情況，都會對信號造成不同程度的干擾。對講機在低溫情況下可以很快跑電，造成功率下降。所以如何給對講機電池保暖，如何在通聯狀態下避風等等細節，都是保障隊友正常通訊的重要環節。但在 8000 公尺嚴重缺氧的攀登中，攀登者腦子往往簡單得像個幾歲小孩，已經很難再有精力去顧忌對講機的事情。羅塞爾隊曾經有一名隊員，在登頂期間不小心連續七小時按著自己的對講機，使其一直處於對話的開機狀態，結果導致其他隊員之間的對講機始終無法通聯，給整個隊伍調度帶來了極大的安全隱患。這次羅塞爾特意給大家講了一個故事——

　　1996 年珠峰山難，也就是小說和電影《聖母峰之死》（*Into Thin Air*）的真實故事原型，紐西蘭諮詢公司（Adventure Consultants）的領隊霍爾（Robert Hall），他也是羅塞爾的朋友。當時，在希拉里臺階上的霍爾可以用銥星電話給他遠在紐西蘭的妻子通話，卻沒有辦法用對講機與近在咫尺的攀登隊員聯繫，如果當時能保持對講機通暢，南峰頂的人就可以帶著氧氣去救援，霍爾就有很大生還的可能性。羅塞爾從這次山難中學到的一條重要經驗教訓就是，一定每人配備一台對講機並保持暢通

的聯繫。類似這樣的事數不勝數，攀登高海拔山峰時，整個攀登過程通常都需要一兩個月時間，每一個細節都很重要，攀登時一旦出現差錯，就可能帶來無可挽回的結果。

5月14日，噩耗日。

中國的一支攀登隊伍，在攀登世界第七高峰的道拉吉里發生了重大山難。三名遇難隊員中，李斌、韓昕是我熟悉的朋友。想起他們鮮活熟悉的面容，一直不相信這是事實。

無極

仰望你屹立雪域之巔

看似你近在咫尺

伸手才知你遠在天邊

無數次輕偎你白色衣衫

你毅然在空中瞬間飄散

頭也不回地無情離開

為無極之夢死而無憾

但生命卻只有一次

不能活著下山

將是我今生的唯一遺憾

　　5 月 17 日夜裡，我們就要出發了，向著夢一般的巔峰。

　　不管會不會成功，我唯一想對自己說的一句話就是——

　　「必須活著回來。」

　　5 月 18 日零點，我們出發去 C2 營地，這是衝頂前最後一趟通過孔布冰瀑。凌晨出發後兩個多小時，正通過孔布冰瀑時，我在對講機中聽到這樣一句話。

　　「感覺自己狀態不好，不是來爬山的……」

　　這是平日表現自信又強壯的二十九歲身高一公尺九的澳大利亞小夥子 Steward，他要求撤回 EBC 大本營。這意味著他在最後關頭主動放棄了登頂機會。無奈，在後面收尾的領隊 Adrian 只好在黑夜裡陪他下撤到 EBC 大本營，領隊因此會錯過通過孔布冰川的最好時機，只能留在 EBC 大本營等待明天夜裡出發，再與今天已經在 C2 營地的大隊伍會合同行。

　　我想，Steward 放棄最後的攀登不是他的體能問題，而是心理原因。這次登山，一路上，他一直在衡量自己登頂的可能性，他曾經問我：「你覺得自己登頂的可能性有多少？」還未等到我回答，他已經說出了那個可能被他自己反復評估了無數次的答案：「我覺得我們倆登頂的可能性都是 50%。」

　　他為了那 50% 的「不可能」在最後關頭放棄，我卻選擇為那「50%」的可能堅持。

今天出發時我走在隊伍的中間，後來走到冰塔林時，受到 Steward 放棄攀登和孔布冰川險峻的威脅，我逐漸加快了速度，走在了隊伍的前面。我一直想找到自己的節奏，尤其是從 C1 到 C2 的路上。這一段路是很長的大緩坡，沒有太大的危險，我已完全找到了自己的節奏。雖然從 EBC 大本營到 C2 的整體路線非常長，但今天這一路我還算輕鬆，用時 8 小時 20 分鐘，找回了我在羅布傑峰適應時的那種自信輕快的感覺。可走在最前面的被稱為「無敵貓頭鷹」的丹麥隊員，居然比我還快了一個小時到達 C2 營地。

5 月 19 日中午，在 C2 營地休息時，黃怒波登頂歸來。這位稱作詩人企業家的登山前輩，黑紅的臉上寫滿了登頂成功後的滿足和愉悅。他把自己所有的登山裝備都亮出來，只要大家有需求，都會熱情地贈送或者出借，恨不得空著手下山。他本來打算馬上下撤到 EBC 營地，這幾乎是每個登山者登頂下山後的共同願望——恨不得一步跨回到大本營。為了安全起見，經驗豐富的王石強烈建議他在 C2 休整一晚，等到第二天一早再下山。

我這兩天狀態一直都不錯，一路攀登，一路拍攝。但我清楚地知道，這是最後的關鍵時刻，越往上走，挑戰越大，攀登越艱辛，隱藏的危險也越大。所有攀登者都恨不得把一切不必

備的裝備扔在低營地，儘量為攀登減負。為了提高安全係數，我也必須認真考慮在攀登路上減少拍攝的時間。接下來的攀登中，自己不能像在羅布傑峰那樣又帶相機又帶攝像機，一路交替拍攝，我計畫在不同的路段用不同的機器拍攝，這樣會比同時使用兩台機器拍攝節省體能、減少風險。

在 C2 營地，我教過夏爾巴小紮西（Tashi）攝像機的簡單使用方法和拍攝技巧，他將負責我去往頂峰路上的最後部分的視頻拍攝。我們倆的英文都不好，溝通起來很費勁，連比帶劃，我也不知道，Tashi 是否能明白我的意思。

Tashi 剛二十三歲，完全沒有拍攝經驗，攀登經驗也不多，這次攀登對他來說，也是一個很好的學習機會。他在最後一站出發前臨時決定協助我負責拍攝視頻。我並太不在乎他年齡小和攀登經驗少，從他做事熱情和主動學習的態度上，我判斷他應該可以完成這項工作。去往頂峰的路上，我負責拍攝照片，他負責拍攝視頻，這樣可以留下一些難得的攀登珠峰的照片和視頻資料，我不僅把這看做是一次記錄，也希望是一次創作。在登山期間我漸漸對高海拔拍片產生了濃厚興趣，每次都希望通過自己的眼睛把在城市裡無法看到的景致記錄下來，分享給大家，這也為我的攀登增添了另一份樂趣。

我們這支隊伍，正按照預定的計畫有條不紊地繼續攀登。

珠峰 7900 公尺的 C4 營地——南坳，遍地是登山者遺留物。　珠峰 C3 營地。

　　5 月 21 日，整支隊伍順利到達了 7400 公尺的 C3 營地，我今天的攀登不再像上次適應攀登那麼煎熬，狀態也輕鬆了很多。由於 C3 營地是建在一個很陡的雪坡上，走出帳篷做任何事情都需要非常小心，就在這個地方，曾經有人從帳篷裡出來上廁所，不小心踩滑而滑墜，最終連遺體都沒有找到。因此，我們很少出帳篷走動。

　　夜裡一直刮很大的風。阿芳擔心地問我：「靜靜，我們會不會被吹走啊？」我安慰她：「你安心休息吧，我經歷過 12 級風，這麼大的風沒事兒。」實際上，我心裡多少也有些擔心，怕帳篷被狂風撕破，把迷糊睡夢中的我們捲下山去。但是與其杞人憂天，不如鎮定面對。

　　昨夜的風並未使帳篷受到任何損壞，由於已經到達 7400 公尺的高度，我們開始小劑量用氧，吸氧後感到自己的狀態很不錯。

　　早上，我聽見帳篷外面依然狂風呼嘯，正在想今天是否能按計劃繼續往上攀登，突然聽到嚮導喊大家起來，準備向去往頂峰的最後一個 C4 營地出發。

　　從 C3 到 C4 的攀登路線，首先是向上攀登一段洛子壁，然後再斜上橫切。在洛子壁橫切相對安全的位置，我拿出攝像機拍前面排成一排行走的隊友，正好趕上一陣大風刮過，自己還得意地慶幸趕上了這樣一個鏡頭，然後還把攝像機反過來自拍記錄。接近南坳路線是需要攀爬一段陡峭的岩石區，然後再延著岩石區斜切到珠峰與洛子峰中間的平地，也就是 C4 營地——南坳。

　　今天大家都在規定的時間內到達了 C4，雖然途中有一段比較難於攀登的路段，但是由於大家都已經開始吸氧，所以看起來都沒有什麼異常。

　　在珠峰最高海拔的南坳營地，我再次住進了自己研發的探路者的帳篷，心裡無比愉悅。

　　夜裡 11 點，我們準時在大風中出發衝頂。神奇的是，我們出發不到半小時後，風力越來越小，天氣慢慢好了起來，不知

道是羅塞爾對天氣的神算判斷，還是老天對大家的恩賜。

出發前，因為英語不好，我沒能準確理解嚮導的意圖，導致沒能很快完成準備工作，所以比前面的隊友晚出發了一小會兒。在路上，抬頭望去，前面已經有很多星星點點的頭燈在漆黑的夜裡向上移動。

剛開始，雪地比較平緩，也不會有路繩，我看前面隊友的速度也不是很快，就開始「超車」。大約走了不到一小時，地形變成越來越陡的雪岩混合地帶。因為每個隊友的攀登能力和體能不同，前面隊員一旦慢下來，就會導致整個隊伍攀登速度放慢，在這樣陡峭的地形中，既沒有多餘的上升路繩，也很難「超車」，只能慢慢地跟著前面的人走。

不一會兒，我發現夏爾巴的總指揮普巴紮西在陡峭的岩石區超過了我，從我身邊越過時，他跟我打了一個招呼，戴著氧氣面罩的我衝他笑著說：「I will follow you!」我想他無法聽見我說話，也許是看見我狀態不錯，他朝我豎起了大拇指，示意我跟上他。普巴紮西是夏爾巴人中能力最強的攀登者，算上這次和我們一起攀登珠峰，他已經登頂過十七次珠峰（到2012年，他已經登頂十九次珠峰）。如果下一個登山季能再多登頂兩次，他將成為世界上登頂珠峰次數最多的人。我根本不可能跟上這個夏爾巴超人，在跟隨他的十幾分鐘內，我學會了敢於「超車」

的技巧，速度也逐漸加快了。

　　在寒冷的黑夜中，我的頭燈漸漸沒有了光亮，這麼陡峭的雪岩攀登區域不可能停下來換電池。我心裡因此還一直抱怨，這還是朋友推介的最好的國外品牌呢。我只能緊緊跟在 Tashi 的後面，他也盡可能把光照在距離他最近的位置，餘光讓我不能很清晰地看見腳下的狀況。後面的夏爾巴也跟了上來，我被夾在中間艱難地攀爬……

　　5 月 22 日，尼泊爾時間早晨 6 點 5 分，我登上了世界之巔——珠峰頂峰，實現了我的珠峰夢。

　　心酸，是我站在珠峰頂峰的最深感受。

　　多少人為了站在這裡，經歷了多少艱辛與磨難，甚至是付出自己的生命。

　　只為站在這裡。

　　這是離天空最近的地方，堆滿了登山者心愛的飾物：照片、經幡、飾品……它們都是登頂的人特意安放在這裡的，每一件物品背後都有一段故事，甚至一條生命。

　　珠峰有連篇累牘世俗的「第一」和「之最」，每年都有各種「只有想不到，沒有做不到」的紀錄產生，我自己也算是其中之一：

　　第一個從珠峰南坡登頂的中國大陸女性。

珠峰峰頂。

由珠峰頂峰眺望北坡。

　　但這沒有什麼值得驕傲，登頂珠峰，不是終點，僅僅是我人生的一個片段，我一直在路上。因為，登頂之後你會發現——

　　珠峰雖是世界的最高點。但珠峰只是一座山，只不過比別的山更高而已。

　　世界上還有比珠峰更高的地方嗎？——

　　有。

　　那是你想觸摸天堂的心。

巔峰之吻

盼望夢中與你相遇

去凝聽彼此的呼吸

想像躺你懷裡疲憊地睡去

哪怕發出雪崩般壞脾氣

嚮往你懷裡的神奇秘密

我願以身相許

我知道仰慕你的人成群結隊

但我不是她們的情敵

當倔強的身影穿越冰冷

當柔弱的身軀邁向天極

當孤寂的心在風雪中顫慄

我也從不畏懼

雲上空氣永遠純淨窒息

自由心靈在天光下沐浴

今生註定與你在巔峰相遇

此刻，我在生命禁區不能自己

海拔 4897 公尺
攀登紀錄
2010 年 12 月 27 日 14:20（北京時間）登頂

南極，終年冰雪覆蓋，周圍被海洋所包圍。海拔 3800 公尺，冰雪厚度 2000 公尺，
氣候異常惡劣，是世界上最寒冷的大陸。南極點只有一個方向—北方，東、西、
南三個方向失去意義。半年為白天，即「極畫」，半年為黑夜，即「極夜」。

何似在人間
2011 南極

沐浴著南極的陽光，望著遠方的藍天白雲與雪海相接的美妙景象，突然感到寒冷的微風中正湧來一股溫暖的思念，我的眼眶瞬間湧滿了淚水……輕輕地躺在雪地中，閉上眼睛，生怕驚動了一粒粒細小、閃光鑽石般的雪花。此刻身體變得柔軟而舒展，從未有過的輕鬆，就像進入了天堂！

靜靜的山

　　此時已是深夜 1 點多，但是依然太陽高掛，我並沒有睡著。非常想家，希望能早點回到北京，哪怕比預計回程早一天都行。

　　昨晚風聲很大，聽嚮導 David 說：「High Camp（高營地）的風力達到了 8 到 10 節。」這幾天在高營地的幾個登山者，沒有一個人貿然登頂，被困在高營地一直等待機會登頂的登山者也被迫下撤。

　　這裡是南極。我正準備攀登南極最高峰文森峰。

　　誰都嚮往「神秘」的世界三極，我也一樣。但我真正的南極夢卻源於一年半前意外的北極之旅。

　　為了紀念人類到達北極點 100 週年，2009 年電視臺籌畫了「勇闖南北極」活動，面向全國召集選手參賽。給熱愛生活、敢於挑戰自我，能夠經受嚴酷環境考驗的普通民眾提供一次實現極地夢想的機會。那時雖然我已經攀登過兩座 8000 公尺級雪山，但地球三極還只是心中神往的地方。1909 年 4 月 6 日，美國探險家羅伯特 · E · 皮爾裡（ Robert Edwin Pary）帶領他的黑人僕人馬休 · 漢森（Matthew Henson）以及四位因紐特人抵達了北緯 90 度，完成了人類最早登上北極點的探險壯舉。

　　「勇闖南北極」活動準備經過層層選拔，將初選出來的挑戰者送入設在中國內蒙古阿拉善沙漠、瑞士阿爾卑斯冰川、挪威薩米人居住區等地的極地訓練營接受進一步的挑戰淘汰，最

自力更生找飯食：深海打撈鮭魚。　我和“馴鹿”頂個牛。

終將兩名獲勝者送往北極點。這個活動對我很有吸引力，在朋友的鼓勵下，我報著好奇、試一試的心態報名參加了北京最後一站的選拔活動。

　　一路過關斬將，我成了最後入圍的四名幸運兒之一。在這個過程裡，我從未如此強烈地感受到團隊協作的力量、隊友妥協的無奈以及從隊友變為對手的複雜矛盾心情。經歷過阿拉善八天的沙漠歷險之後，我們剩下的八名選手進入了瑞士的阿爾卑斯冰川和挪威的薩米人居住區，真正的冰雪極地敞開胸懷接納了我們。

　　我們在阿爾卑斯山脈訓練的項目包括：野外生存技巧、海上捕捉鮭魚、越野滑雪和搭建雪屋等。在攝氏零下二十幾度的薩米人原始居住地，我們需要自己搭建帳篷，生火做飯，三天兩夜，攝製組不提供任何食物和取暖物資，大家不得不自己砍柴火取暖，煮自己打撈的鮭魚吃，而且沒有任何的調味料。最初我們沒有經驗，搭建的原始錐形帳篷，頂口太寬，保暖性很差，在零下二十幾度的夜裡，每個人都凍得直打哆嗦。那段時間裡，我們幾乎每天面對的都是冷冰冰的麵包、黃油或者方便

六十四個 PK 專案的最後一站：越野滑雪。　和隊友一起搭建雪屋，今晚就住這裡了。

食品，以至於有一天我對著電視鏡頭說「想吃米飯」時情不自禁哭了起來。

　　在北極圈朗伊爾繽的那段時間，戶外的溫度低於攝氏零下30度。在雪地第一次駕駛雪地摩托車，加上風速效應，風感溫度低於攝氏零下50度。有一天訓練騎幾個小時的雪地摩托，開始時膝蓋先是感覺到特別冷，然後是疼痛，再後來就麻木得沒有了知覺。等到停車下來時才發現，自己已經不會走路了。我當時傻傻地擔心，自己的膝蓋會不會被凍壞了，一站直就碎脫節了？

　　經過這輪淘汰還剩下的四名選手，需要在距離北極點最近的城市朗伊爾賓的北極大學學習三天，學習內容包括：北極環境知識，去北極路上的注意事項以及可能遇到的種種危險和以前出事的案例分析。在前往北極點的路上，最大的兩種危險是北極熊的襲擊和掉入冰水中。我們的訓練中就有一項是零下30度跳入冰水後自救。當我咬緊牙從水裡爬起來，再跑到攝氏零下30度的戶外小木屋裡換衣服，那種寒冷帶來的刺痛，完全不能用語言形容。

　　我們一共經歷了六十四個戶外挑戰項目，關關都是「非人的折磨」。有時候真覺得設置比賽專案的人簡直就是一幫十足的瘋子，但這些「綜合訓練」，為我後來的登山積累了大量的戶外知識和實戰經驗。

　　最後一關，是兩小時北極雪原中的定向和跳冰水的滑雪比賽。僅差五分鐘，我和隊友輸給了另外兩位隊員。獲勝的兩名隊友帶著我們所有人的夢想去了北極點……

　　而我現在，站到了南極的土地上。這是 2010 年底，而 2011 年是人類到達南極點 100 週年。

　　自從進入南極圈之後，我們就一直住在文森峰大本營，等待機會衝頂。可天公不作美，我們被接連幾天的大風雪阻擋，困在了大本營。南極的年平均溫度在攝氏零下 40 到 50 度。現在是南極的夏天，即便是這樣，在 8 級以上的大風裡，文森峰頂峰的溫度至少下降到零下 5 度以下。極冷的環境下幾分鐘就可將風雪中的皮膚凍傷。如果再發生摔傷等特殊情況，後果就更難以預料。所以沒有人為了登頂願意去冒這樣大的風險。

　　因為沒有預料到會在文森峰困這麼久，組織方預備的衛星電話的電池快沒電了，所以打電話需要申請並得到批准才行。這幾天我也很少見隊友打電話，好像大家已經徹底放下了一切，在這遼闊無邊的冰天雪地裡盡情享受寂寥和無所事事的樂趣。

而我卻在為不能回京、不能通過電話處理一些事情而糾結。我心中突然覺得非常迷茫：「我為什麼要在這冰天雪地裡等待攀登那沒有意思的頂峰？」

似乎從進山的第一天起，我就沒有登頂的欲望，南極的頂峰一點兒也不吸引我。但是現在，我卻要在這遠離人間的冰山腳下，無聊地等待著登頂的好天氣。白天，我在帳篷裡百般無聊地翻書，或者閉上眼睛讓自己進入遐想狀態，剛出發時的那種喜悅和新奇逐漸消失了。

我們在 2010 年 12 月 13 日下午從北京出發飛往巴黎，然後轉機到智利再到蓬塔，一路上大家氣勢高昂。一隊裝備精良、衣服上又配戴著南極標誌的隊員，每到一處都備受矚目。在巴黎到智利的飛機上，甚至有一個中國乘客好奇地問我：「你們是什麼特種部隊，衣服上的臂章我怎麼從來沒有看到過？」

17 日離開蓬塔飛往聯合冰川（Union Glacier）的時候，那種匆忙趕飛機的感覺還真像是執行任務中的特種部隊。我們乘坐的美國大力神飛機，樣子很特別，機艙內到處都是裸露的管道和零件，粗糙得就像沒裝配完的半成品似的。飛機的前半部是近百人的座位，後半部是敞開的行李艙。飛行時，機艙內聲音震耳欲聾，大家都帶著耳塞，彼此用肢體比劃著交流，一個個神情嚴肅緊張，越發像是去執行特殊任務了。

經過三個半小時的飛行，我們到達了南緯 80 度海拔 710 公尺的聯合冰川 。吃過晚飯稍作休息就直飛文森峰大本營。因為大飛機無法在文森峰大本營降落，中途還換乘了一架小飛機，只不過小飛機的飛行時間僅有十分鐘。幾經周折，當我們終於到達文森大本營（Vinson Base Camp，簡稱 VBC）的時候，已經是晚上近 12 點了。這裡是南緯 78 度，早已進入了南極圈，所以是極晝。即使晚上 12 點太陽依然高懸，亮得刺眼。從此我們的生活裡就沒有了黑夜，只有時間意義上的白天和夜晚。到了睡覺的時候，人人都需要戴上眼罩，慢慢習慣在「白天」裡睡覺。

初到大本營的第一個晚上，可能是真累壞了，我睡得特別香。第二天早上醒來，看到天空依然還和昨天一樣豔陽高照，似乎有了一種時空錯亂的感覺。

19 日，我們就趕往低營地（Low Camp）了。按計劃我們應該用四天時間內完成登頂並重新回到這裡。從大本營前往低營地，海拔從 2100 公尺上升到 2700 公尺。儘管都是雪坡，但是比較平緩，坡度只有 10 度到 20 度。我把大部分裝備都放在雪橇裡拉著，背上只背了一個登山包，裡面放上隨時需要的物品。這段距離我們走了五個小時，中午的路餐是一塊冰冷的三明治，晚上是煮速食麵，在冰冷的環境吃上熱呼呼的速食麵，

感覺還不錯。

　　低營地旁邊有山，太陽照射的時間很短。而南極太陽直射與不直射之間，溫度能瞬息變化攝氏 30 度。在太陽直射的狀態下行走，不僅衣服很容易被汗水濕透，還要頻繁地往臉上和胳膊上塗防曬霜，再捂上頭巾，不然可能很快就會被曬傷。而一旦停下來休息，或者沒有太陽直射時，則必須快速穿上羽絨服，否則很容易被凍傷。在耀眼的眼光下，冰雪極其刺眼。從進入南極圈的頭一天開始，我的眼睛就有些痛，這讓我非常擔心。因為 2007 年攀登卓奧友時，我曾經出現過短暫的雪盲。現在四周全是白雪，又沒有黑天，必須二十四小時戴著墨鏡，時刻提防可能出現的雪盲。

　　到達低營地之後，我們原計劃去高營地進行適應性訓練，

我在極地做女紅。

結果被嚮導告知，未來兩天的天氣都不好，頂峰的風力相當於 10 級風，太冷，根本不適合往高營地攀登。

我和隊友肖遠還有嚮導 David，嘗試攀登了一趟低營地到高營地之間的岩石區，來回只用時三小時。我的高山靴有些磨腳，回到營地後，我脫掉鞋子，發現左腳已經有些紅腫，我直接把高山靴的內靴拔了出來，用軍刀給靴子做了個「內臟手術」，果然，再穿上舒服多了。

接下來的兩天，天氣依然不好。大家在嚮導的帶動下，開始鋸雪磚搭建防風雪牆。搭建雪牆的時候，男隊友故意脫掉上衣作秀擺 POSE，說是這麼大的太陽需要光著膀子幹活。實際上，大家純粹是為了好玩，真的脫掉上衣，咬著牙作秀，等拍完照片，馬上得把衣服套回去。

雪牆砌好後，已經是下午 3 點多鐘了，這時從高營地撤下了四個人，一位父親帶著他的一雙兒女和一個嚮導。一聊才知道，他們居然是 1924 年攀登珠峰的傳奇人物英國人馬洛里的後

代。這一家三口曾經在 2008 年一起由珠峰南坡登頂，現居住在加拿大，女兒二十三歲，是加拿大最年輕的登頂珠峰的女性。

馬洛里當年兩次嘗試登頂珠峰，最終留在了山上，他最後一次是否登頂至今還是一個謎，但無論他是否真正登頂，他應感欣慰的是，自己的後代仍然受著他那句激勵無數登山者的名言——「山在那裡」的感召，實踐著、實現著登頂珠峰的夢想。1995 年 5 月 14 日，馬洛里的孫子 George MalloryII 登頂了珠峰。

一直期待好天氣等待登頂，只是如今這樣的等待和無所事事，的確比真正的攀登還難熬。在這樣寒冷的天氣裡，無聊的等待加劇了對家人的思念。想念家裡那張溫暖的床，想念和親人、孩子們相擁的感覺。越是這樣，越是有一種從未有過的強烈的孤寂感，就像整個世界都停滯在這冰冷的南極大陸冰蓋，而我卻被凍成了千年冰人。

時間又過去了一天，到了 22 日，天氣依然很糟糕。大家起得更晚了，現在營地每天只吃兩頓飯，一次在中午 12 點，一次在晚上 7 點左右，每頓飯都是袋裝的方便食品。每天在極冷的環境下，即使不運動，能量消耗也很大，餓的時候就吃些自帶的零食充饑。在等待期間，每天除了去幾次廁所，我們幾乎從不離開帳篷。

這天我們下午 4 點才吃到中午飯。是牛肉米飯，這是進山

攀登文森峰頂峰的路上。

　　我獨自走出帳篷透氣。

　　遠方的藍天白雲與雪地相接的美妙景象，寒冷的微風湧來
一股溫暖的思念，微笑之間突然眼眶湧滿了幸福的淚水，滲落
雪地。此時抬起頭沐浴著南極寒冷的陽光，冰冷的微風親吻著
我臉頰的淚水，我長長喘過一口氣，眼前騰雲駕霧，彷彿氣息
傳向心靈呼喚的遠方，一切沒了邊界。穿越時空，我思念的人
和思念我的人，人間一切美好都在眼前，頓時南極的寒意全無。
我模糊著滿足得輕輕躺在雪地中，生怕驚動了一粒粒細小、閃
光鑽石般的雪花。閉上眼睛擦乾眼淚，純淨雪地、清冷空氣、
藍天白雲映入身心，身體柔軟而舒展，從未感覺過的輕鬆……

的第一頓米飯，中國人都喜歡米飯，大家吃得很香。洗碗的時候，David 倒出了一些米粒，阿貴盯著那些米飯發出了異樣的聲音。嚮導顯然明白了他的意思，應該是還沒有吃飽，可惜倒在漏網裡的米粒已無法拾起。他望著大家無奈地笑了笑。大家明白，4 點鐘才吃的這頓飯，估計就是今天唯一的一頓正餐了。

　　沒想到，晚上 8 點多，大家又吃了一頓。儘管是非常簡單的速食麵湯，為了保證體能，再喝點兒湯還是很有必要，飯後回到帳篷繼續看書。在帳篷裡戴著薄手套拿著書，不一會兒手就被凍痛了，腳也凍得麻木起來。我趕緊爬起來，穿上羽絨襪套和厚厚的羽絨上衣，然後鑽進睡袋裡就著熱水吃了一塊巧克力，這才慢慢暖和過來，然後逐漸在書的催眠中睡去。

　　再次醒來，已經是 23 日早上。早飯時，每個人只有少量的雞蛋，是用方便食品袋包裝好的沒有蛋殼的雞蛋，然後再用開水沖一些袋裝的麥片或者奶粉，吃完依然是回帳篷看書、寫日記。今天是被困在低營地的第六天，我算了一下，從我們頭天晚上 7 點吃的那頓飯距第二天中午的這頓飯，大概間隔了十七個小時。如果接下來天氣依然不夠好的話，我們的食物供給也會出現嚴重問題。

　　24 日下午，同行的義大利一家三口用雪創作了一棵聖誕樹，上面除了有一頂帽子，光溜溜的什麼也沒有，大家倒了一

些紅酒，慶祝即將到來的平安夜。不過嚮導顯得憂心忡忡，因為得知第二天天氣依然很糟。他決定去運輸一些必需的食物，他告訴我們，估計 26 日會往高營地攀登。如果這樣的話，28 日可回到聯合冰川。我沒有太多的期待，只希望不要再次推遲，因為這樣整天悶在帳篷裡哪兒也去不了，太熬人了。

外面的風聲很大，溫度很低，起床時已是中午 1 點。我穿好衣服去雪牆邊小便。突然狂風大作，雪花吹到屁股上，就像無數針刺，小便飛一般呼呼灑在羽絨靴上。我的第一反應是：「壞了，靴子肯定全濕透了。」此時，風雪撲打在臉上，眼睛都無法睜開。我急忙提上冰冷的褲子，低頭一看，卻發現，剛才我的擔心實屬多餘，被風吹灑在靴子上的小便居然全部結成了冰粒。我一手捂著臉，一手捂著羽絨服，快速跑回帳篷，整理了半天，才反應過來剛才發生了什麼。

昨晚狂風，我們的炊事帳篷被狂風吹塌了，今天沒法再做飯，David 的協助把爐子拿到帳篷裡點燃燒水，讓大家沖麥片作為早餐。我自己翻出了一些零食吃。今天已經是被困在低營地的第八天，比計畫的攀登時間超出了太多，食物供應緊缺，長時間吃不到一點新鮮蔬菜。再這樣下去，一定會缺乏維生素，體能也是個問題。

每頓飯後，為了盡可能節約資源，我們都要倒開水把碗涮

南極文森峰登頂。

一下，然後把涮碗水作為湯喝下，接著用餐巾紙擦嘴，再用擦過嘴的紙擦碗，這樣又喝了湯，也涮了碗，水和紙都沒有一點浪費。

　　David 說，明天天氣應該轉好，如果沒有特殊原因，整隊將前往高營地，如果一切順利，我們將在 27 日登頂，28 日可下撤到大本營，煎熬的日子終將過去了。回家的日子越來越近了，我欣喜若狂，好久沒有這麼強烈的開心感覺了。

　　終於，26 日凌晨 12 點多，我們出發了。

　　早晨 6 點，到達了高營地。高營地在一個相對的凹地，前面是直壁懸崖。站在懸崖邊望著遠方，給人無限遐想。南極的雪山和雲霧繚繞相接在一起，藍天和白雲之間還夾著彩雲，不斷變幻，已經分辨不清天空雲海和南極冰蓋，天地似乎連在了

一起，向四周無限延伸，彷彿可以穿越時空。只有在這樣的環境和心境下，才能感悟到南極的冷豔與俊美。

我們在高營地準備第二天衝頂的時候，遇到一位尼泊爾嚮導帶著一位七十歲的英國人登頂後下來，他們往返用了十二小時，完全可以想像，攀登這座山並沒有多大難度。果然，我所在的第一隊登頂只用了五個半小時，下山只用了兩小時十分鐘，而且攀登過程中一點風也沒有，一直都是太陽高照。酷熱的行進過程中可以脫衣服，可是腳上穿的禦寒鞋襪卻沒有辦法脫卸。由於腳熱，下撤過程中襪子變潮濕，腳長時間浸在潮濕的環境裡，行走起來很容易三個泡。

我們簡單收拾了一下，在高營地就開始商量徒步滑雪到南極點的事。

因為在低營地等了八天，接下來徒步南極點的時間就顯得非常緊張。在四天的時間內，如果按以前的計畫行走一緯度（113 公里）的距離，幾乎是很難完成的任務。由於隊員對徒步距離的意見不統一，有人建議改為徒步七、八十公里，最後乾脆說徒步五十公里，四捨五入就當一百公里，也就是大家說的一緯度了。在討論的過程中，組織方介紹，事實上，之前國內很多人也沒有完成真正的一緯度，能完成一百公里已經非常不錯了。一些人完成七、八十公里，甚至還有人只完成更短的

距離就宣稱走完了一緯度。我和肖遠一直堅持徒步走滿一緯度，也就是 113 公里，到南極點，而不是僅僅走一小段路程敷衍了事、自欺欺人。我們為這事討論了好久也沒達成一致的結論，決定一邊下撤一邊再做安排。

次日早上，我們從海拔 3800 公尺的高營地下撤到大本營，在那裡乘坐飛機，於當晚 7 點順利到達了聯合冰川大本營。

回到聯合冰川之後，我們接著討論徒步南極點的方案。因為隊員之間理念不同，希望行走的距離不一樣，領隊考慮把徒步南極點的人分成兩組。可後來得知，大本營沒有多餘的嚮導，這就意味著分組方案根本不可行。剛好我們隊裡一名腳起泡比較嚴重的隊員，決定跟其他外國遊客乘飛機前往南極點，一下子解決了隊伍行進的擔憂。我們最後決定，29 日起程，計畫用四天半的時間徒步七十五公里到達南極點，這樣的決定並不是我滿意的結果。

根據嚮導的經驗，這種安排在時間上有風險。能否順利完成，將取決於未來幾天的天氣和隊員的身體狀況。28 日早餐後，我們開始領取徒步南極點的滑雪裝備，並進行滑雪器材的調試，下午又準備了四天半的食品。除了各種口味的脫水方便食品，還要多預備一些遇到壞天氣時被迫滯留時的食品，所以每人最少需要帶夠七天的食品。早餐是麥片、牛奶粉、即溶咖啡、茶

靜靜的山

包等；中午路餐（能量零食）是巧克力、能量棒、能量糖果、乳酪、果仁（葡萄、杏仁、花生、蘋果乾等）；晚餐是方便袋裝的各種口味的脫水西式米飯、麵條、馬鈴薯粉等。

　　一切打包就緒，我們在晚飯後拉著雪橇，滑雪到了距離大本營三公里以外的地方，並在那裡搭建帳篷過夜，這樣做的主要目的是，檢查裝備及物質是否齊全和適合自己。因為一旦出發，這些物資都沒有辦法更換和補給。

　　第二天早上，Winslow 燒好開水叫大家，她是我們這次徒步去南極點的女嚮導。喝完開水沖麥片，大家就開始收拾東西，準備回到聯合冰川大本營，等待飛機帶我們前往距離南極點七十五公里的地方，體驗南極徒步探險。

　　中午回到聯合冰川基地吃飯，這是去南極點徒步之前的最後一頓大餐，每個人都吃得很多，我還特意拍攝了大家最後一頓吃大餐的樣子。阿貴由於眼睛輕度雪盲，吃飯時也一直戴著墨鏡，我說：「阿貴，感覺今天的飯菜怎麼樣？」他憨憨地答道：「好吃！」接著隊友說：「半頭豬都被他吃掉了！」所有人都被逗得哈哈大笑。我想問問阿貴的眼睛如何，就逗他說：「你戴著眼鏡吃飯擺酷給誰看呀？」結果阿貴給了我一個意外的回答：「吃太多，我怕別人認出我來！」接著繼續一本正經地享用他的晚餐，大家樂翻了天。

　　聯合冰川大本營的待遇很好，每天吃飯的地方是在一個可以容納近一百人的餐帳。午餐很豐富，包括：義大利麵條、馬鈴薯泥、肉醬、花菜、紅蘿蔔、紅色捲心菜、豆類，還有啤酒、紅酒、芬達、雪碧、可樂、果汁等多種飲品。大家可以在餐廳帳篷休息、看書、聽音樂、喝茶、處理自己的事情。

　　原以為下午就出發了，可是餐後不久得到通知，飛機不能如期到達，除了徒步又要推遲一天外，回程的計畫安排也將打亂。時間計畫破罐破摔了，我們反而徹底放鬆了下來。在等待的時候，嚮導 Winslow，讓我去換一副和其他人一樣更結實的金屬裝置配件的滑雪板，結果換過之後才發現，我的鞋底太寬穿不進去。這雙鞋子可是從幾千公里之遙的蓬塔帶來的，這裡不可能有這樣專業的鞋子備用，而且女生的號碼更難找到，這可怎麼辦？

　　我比了比鞋子和雪板槽寬度的差距，自己開始自力更生用瑞士軍刀修理鞋子，把兩邊寬出的部分削掉，這活兒比在文森峰「解剖」高山靴容易得多。嚮導見我在帳篷外修鞋，瞪大了眼睛看了看，然後笑著豎起大拇指說：「Good idea! Clever girl.」在南極，我不僅做過修鞋匠，還發揮自己幹針線活兒的特長，自製了防風鏡的護臉等物品。

　　在這期間，隊友腳上的水泡也恢復了很多，最後，所有隊

友都決定，一起徒步一緯度去極點。第二天下午 5 點半，我們終於乘上了飛機準時出發，專機上只載了一名旅客、一名嚮導，還有三名機組成員以及我們徒步南極點的所有裝備。飛機的形狀非常怪異：從機尾角度看，機身有些像青蛙，從視窗看有點像鯊魚，也有點像科幻片裡的怪獸，長著只奇怪的長耳朵，還設計了鼻子和眼睛，不過飛行中感覺還算平穩。

飛機降落在南緯 88° 59' 422"，西經 82° 43' 762"，大家用了幾分鐘迅速把所有裝備卸到雪地上，然後退後大約 50 公尺，目視飛機在轟轟聲中起飛返程。飛機飛走了，留下我們站在無邊無際的茫茫雪海中。環顧四周，感到瞬間被一種強烈的孤寂感包裹了。

用指南針找準南極點的方位，我們扣好雪橇的織帶開始向極點邁進。當天我們只走了一個多小時大約三公里的路程，就停下來開始紮營。搭建帳篷時出了問題：因為南極太冷，布料和帳篷桿冷縮率不同，結果帳篷的穿桿條無法扣上帳篷。即使找來力氣最大的阿貴使出全身的力氣，還是無法扣上。

正當大家一籌莫展之際，我突然想出了一個辦法：要是把帳篷腳環的織帶剪斷再接上一段，就可以讓帳篷和穿桿尺寸匹配了。但隨之而來的問題是帶子長度有限，只能用針線縫合才能把腳環織帶變長。在攝氏零下 30 度的環境裡脫掉手套幹針線

活誰也沒試過，尤其是在風中。我先躲到帳篷裡把針線都備好，然後使勁搓搓手取暖，再一隻手戴著厚手套，拿針這只手戴著薄手套衝出帳外快速縫合帳帶。大約用了兩分鐘只縫好了一邊，我就感到手凍得生痛。趕緊跑到帳篷口背風的地方，把手捂捂恢復知覺，然後再縫合帳帶的另一邊。等縫好後，Winslow 又一次向我豎起了大拇指表示讚賞、感謝。我笑著快速鑽進帳篷，戴上厚厚的手套捂手解凍。

第二天，我們在風雪中頂風行進 7 小時，行進了大約十二公里。GPS 顯示的是南緯 89° 07' 535"，西經 82° 08' 092"。

天氣非常寒冷，在行進過程中能量消耗很大。每隔兩個小時就需要停下來休息，補充水分和食品。停下來休息的時候，第一件事就是快速穿好羽絨服，然後再吃東西、喝水，歇息全程控制在五到十分鐘內。嚮導反復提醒我們，在任何情況下都要想著保暖，否則幾分鐘內就可能被凍傷。身邊稍微有一點風時，即使戴著薄手套拍攝三五分鐘，雙手就凍得生痛，很久都緩不過來。身上到處冰冷，可是不到不得已的情況下，手再冷也不能伸到貼身的地方取暖，因為這種會導致整個身體散失更多熱量。最好的辦法是馬上加大運動量，讓身體迅速暖和起來，這樣手腳才會儘快暖和過來。這就是我們每一次補給停留的時間都控制在五到十分鐘的原因，停留時間過長，即使穿著羽絨

南極的天、地、人。

服，身體不運動，也會感到極冷。這是因為通常行走時會出汗，一旦停下來，身體就不會產生更多的熱量，於是衣服冰冷的感覺很快就傳遞給身體。而身體一旦冷下來，要恢復到暖和狀態需要更長的時間，這也是一個痛苦的過程。在風中接縫織帶和拍攝過程，讓我真切地體驗到了寒冷的威力。

隊伍中的每個隊員都從未經歷過從南緯 89 度滑雪徒步 113 公里這樣極冷的徒步項目，對每一個人都是一個考驗，即便再難，大家也都必須咬牙扛著。但每個人的體能不同，心理承受能力也有差異，感受自然和理解事物自然也就不相同。

我們每天行進二十公里左右，通常分四段走，每段 1.5 到 2 個小時。到了第五天安營紮寨的時候，GPS 顯示，我們距離南極點還有三十五公里。我們決定把最後一天的行程控制在十五公里內，這樣最後一天到達極點的行軍時間會充足一些。

　　到了第五天，走完第三段時，嚮導 Winslow 突然指著前方告訴我們，那就是建立在南極點附近的美國斯科特－阿蒙森科考站。我順著她指的方向看過去，果然能看見幾個小點，但其實科考站距我們還有幾十公里之遙，真是可望而不可即。但在茫茫雪原上突然看到了人間建築，那感覺就好像突然到了外星球。我們繼續向前走，不一會兒到了地勢低處，於是前後左右又什麼都不見了。四周無垠的雪原與天際相連，世界變得沒有了邊界。這裡的時空彷彿變得即透明又模糊，感覺真的很奇妙。

　　最後一天的滑雪徒步讓人感覺一身輕鬆，尤其是到最後兩公里的時候，大家都很興奮，走得越來越快，狀態出奇的好。上午 11 點出發，下午 5 點 40 分就走完了最後的十六‧三公里，到達了南極點。

　　搭建好帳篷之後，在帳篷裡隊友看著我的下巴，突然驚奇地叫了起來：「你下巴這裡有一塊兒怎麼顏色不一樣？」我趕緊檢查了一下，原來，下巴凍傷了。最後兩三個小時，我只顧著拍視頻和行走了。自己太疏忽大意，竟然連下巴凍傷都渾然不知。

　　到達南極點後，我在營地遇到了一位比我們早一天到達南極點的英國人 Foot。他竟然是獨自一個人徒步四十一天，走了 1100 公里到達南極點。出發時，他給自己準備了將近兩個月的

抵達南極點時發現下巴凍傷了。

食品，把它們全部堆放在雪橇上，雪橇看起來就像是一艘小船。我既驚訝又欽佩，一個人要應對極寒和無法預料的種種磨難就已經非常困難了，更何況還要獨自一人承受孤獨、恐懼的考驗？這才是真正的頂級探險家。

第一遍修改這本書的書稿時，我剛剛從挪威集訓歸來，我也已經開始為我自己要親身參與的一次穿越南極大陸的徒步探險和宣導水資源保護項目活動做準備。

一百多年前，挪威的探險家阿蒙森和英國的探險家斯科特展開到達南極點的競爭，雖然當時條件落後，但他們的隊伍也算得上龐大，他們的物資由雪橇犬或矮種馬來拉。而 2013 年底我們將要進行的這次活動，由來自不同國家代表七大洲的七名

女性外加領隊組成，沒有後勤支援，沒有協作幫助，嚮導介紹說：我們每個人每天要自己拉著重達八十公斤的裝備物資前行。

這將是一次「前無古人，難有來者」的全新挑戰。

這一次，我們將不只是到達極點……

在南極點睡了一個長覺，我快到中午才起床。

吃飯時，我發現隊伍中又增加了三個人：世界上最大的南極探險公司 ANI 的四位創始人之一 David、嚮導 Scott 和前天乘坐飛機一起到達極點的美國地理學家 Neil。他們要和我們一起等待飛機回聯合冰川。

午飯後，風依然很大，而且有霧，感覺寒冷刺骨。我和 Scott、Neil、肖遠等人一起去看南極點標誌。南極點有一個地球軸心標誌點，還有一個磁極點，極點的位置會隨著磁場的改變而移動。標誌點周圍飄揚著十二個國家的旗幟，代表著當年簽訂《南極條約》的十二個國家。在遠離祖國的地球另一端，如果能有一面五星紅旗高高飄揚，那該是怎樣一件激動人心的事？可惜南極點沒有中國國旗。後來翻閱照片時我發現，站在極點照的一張照片，特別像是飛行女兵，把照片調整為黑白時，後面的旗子上的五角星有點像中國國旗，真希望國旗能早一天在南極點飄揚。

等待的時間有些無聊，第二天早上依然是大霧籠罩，奇冷

無比。嚮導告訴我們，回程的航班資訊需要等到下午 2 點半才
知道，如果飛機準時來接大家，我們將無緣參觀期待已久的南
極點的美國阿蒙森–斯科特科考站。

　　上午，ANI 的老闆 David 和嚮導 Scott 從外面拿著一張清單
匆匆回了帳篷。原來他們是去清點多年前埋在這裡的物資。對
於從未到達過極點的人，這裡的一切都顯得神秘、新奇。在極
點經常會遇到惡劣天氣，被困數天甚至是數十天，是常有的事。
這些儲藏的物資都是應急用的，我想像著，那裡應該是個黑洞
洞的秘密雪窖，清單上的物品都用簡寫的符號代替，有幾十項
內容。從清單上可以看出，最早的物資是 2003 年存放的。後來，
他們又去取回了一些 2009 年生產的餅乾，顯示已經過期了。可
聞了聞，沒有一點變質的味道，於是大家分著吃了一些，味道
還是原味，看來攝氏零下幾十度的環境保質期會成倍延長。

　　閒著沒事，David 發動了一次極點營地垃圾清掃工作。雖
然天氣冰寒刺骨，大家尋找垃圾的熱情卻很高。清掃中發現營
地附近有幾根火柴棍、兩三根煙頭、幾張沾著雪的紙巾，還有
幾塊油污點、尿液和做飯時留下的廚房剩水，它們跟冰雪凍在
了一起，顏色深淺不一。想把這些滲透在雪地的髒雪挖出來，
可是一項大工程，因為這些污染源深達一公尺多。這些帶顏色
的被污染的雪都被雪鏟撬到黑色垃圾袋裡，最後，滿滿的四個

高大的黑色垃圾袋裡幾乎裝的都是被尿液和廚餘剩水污染過的雪。此後，它們會被運到上千公里外的地方去處理。這四個垃圾袋的汙雪運輸費用極其昂貴，如果用簡單的日常思維衡量，組織方絕對是自討苦吃。可是這種對大自然的關注與敬畏，深深感動著每一個參與者。南極冰蓋是地球上最後一片淨土，儲存了地球上 70% 的淡水資源。保護了這片淨土就是保護我們自身。

　　在南極點的營地，我們唯一的活動場所就是四、五平方公尺的炊事帳篷。外面實在是太冷了，幾乎沒人願意在外面停留，就連每次上廁所都猶豫再三。廁所就在旁邊幾公尺遠的地方，可每次去都需要做好充分的準備，大家需要上廁所前的常用語是：「需要醞釀一下。」

　　我閒待不住，下午又去了一趟距離我們帳篷一公里的地方——南極點標誌地。回來後得知，明天飛機將從聯合冰川飛進來接我們，這已經是住在南極點的第三個晚上了，終於可以離開這又冷又無聊的地方了，不過還是沒有特別高興的感覺。自從攀登文森峰以來，就是等啊等啊，冷啊冷啊，每到一個地方，都不能按預計的時間完成、離開。我們在文森峰的低營地等了八天，在南極點又已經等了三天，大家都變得很期待又都不敢輕信每次的好消息，每天的最大願望就是祈禱好天氣，飛機能早點進來。

　　第二天早上天氣非常好，雲霧散去，露出了藍色純淨的天空，大家都很開心。吃飯後，我們又第三次徒步一公里前往南極點標誌地。可是當我高高興興回來時卻得知，大本營的天氣 12 小時內都不理想，飛機又不能起飛。一瞬間，我沮喪到了極點。

　　晚上 8 點起，David 也按捺不住了，開始每隔一小時親自向聯合冰川基地報告一次天氣情況。在帳篷外第二次測試天氣時，停在南極站的美國科考隊的大力神飛機突然起飛了。David 說，如果進一步測試天氣好轉的話，大約凌晨 3、4 點，飛機將起飛，飛進南極點。

　　我一直沒有睡，等待飛機起飛的資訊。得知飛機終於起飛了。David 再次測試了一下南極站的天氣情況——能見度不高，雲層很厚，飛機有可能降落不下來，如果真是那樣的話，飛機將返回聯合冰川。

　　凌晨 4 點 15 分，飛機終於降落在南極點，我們早已收拾好所有的裝備，包括昨天清理的大大的幾袋垃圾，翹首以盼。

　　登機之前，我們終於一遂心願，參觀了南極點的阿蒙森－斯科特科考站。

　　阿蒙森－斯科特科考站於 1959 年由美國建立，是唯一一座位於南極點的國家科考站。科考站擔負的主要科研任務是：通過特殊的儀器採樣深度冰層的冰樣，為研究遠古地殼變化提供

證據；通過一架超大天文望遠鏡，探索宇宙從未發現的奧秘，捕捉宇宙中小於中子、原子的物質；研究南極的空氣層結構和純度。這個工作站採用紐西蘭時間，與最近的聯合冰川基地的時間相差八小時。這裡的工作人員，年齡最小的十八歲，最大的七十一歲。夏天最多時有二百五十名左右的工作人員，冬天只有五十人左右。

　　和外面天寒地凍的環境截然不同的是，科考站裡面很暖和，工作人員都穿著襯衣、短袖。科考站主樓內設施就像豪華星級賓館，有實驗室、遊戲室、醫務室、會議室等，還有奢侈的沖水廁所。工作人員每週可以洗澡兩次，每次時間兩分鐘，兩分鐘後自動停水。為了節水，以前在北極圈，我洗過四分鐘就自動斷水的熱水澡，這是第一次聽說兩分鐘就斷水的洗澡，我想在這裡工作的人一定是自理能力很強、訓練有素。

　　科考站內的蔬菜供應由這棟樓裡的實驗室種植提供。工作人員向我們展示了蔬菜二十五天內的生長過程。蔬菜生長在一個模擬戶外陽光的實驗室，生長環境沒有泥土，只能看到模擬的陽光和充足的水分，還有無數供應養分的管線，這是我見過的世界上最貴的蔬菜，據科研人員介紹，這裡的蔬菜成本每一磅最少五十美金。

　　參觀結束後，飛機很快起飛了。10日早上11點，安全到

達聯合冰川，大家都期盼可以直飛蓬塔，這樣幾個小時後就可以住進賓館，睡上舒適的大床。可是，天氣依然很糟，飛機不能起飛，又只好在營地搭建帳篷等待飛機。

這一等又是四、五天。

這期間，嚮導 Winslow 開了個「後門」，讓我們去洗澡。洗澡間只有兩個，空間很小，卻很實用，一點沒有感覺到冷。洗澡間後面有兩個大大的黑色金屬鋼罐，裡面裝滿了熱水。這套系統和旁邊廚房相連。洗澡水需要從旁邊水龍頭接到桶裡，然後只需按一下掛著的按鈕，熱水就可以從頭頂灑下來。一個月來第一次洗澡，身上簡直慘不忍睹，洗完後整個身體一下子清爽自在了不知多少倍。

等待好天氣期間，每天嚮導都會向我們通報消息。到了 14 日中午，大家終於又得知，晚上會有飛機來。當我們回到蓬塔時，需要繞過機場外的障礙物徒步六公里到賓館取行李，心想，雖然需扛著我們的駝包來回十二公里的路程，但是終於可以回程了，大家都欣喜不已。可是到了中午，不幸的消息又傳了過來：本來，從烏克蘭租用的飛機昨天已經飛到最後一站的蓬塔機場，但是發現漏油，經過檢查，是發動機的問題，在蓬塔機場找不到可以更換的零部件，無法修理，只能想辦法到智利取配件再運到蓬塔機場，經過努力協調，取回配件最少需要三天時間。

　　沒有任何別的解決辦法，我們必須等待，大家只能再次改簽回程機票。

　　到了 16 日晚上，營地裡的人突然多了起來：有用時 42 天 1 小時 13 分走完南極全程的挪威嚮導，還有徒步走完 10 緯度的代表印度軍方的八名戰士——他們這支軍方隊伍之前已經完成了八座 8000 公尺雪山的攀登。他們的目標是準備完成十四座 8000 公尺雪山的攀登和全程徒步南北極，隊伍成員看起來個個精幹魁梧。

　　在等待期間，大家組織了乒乓球比賽，但是我卻快樂不起來——飛機的事情依然沒有著落，而且還有更壞的消息傳來，因為石油漲價，蓬塔當地發生了騷亂，還爆發了血戰，死了一名婦女和兩名兒童，機場被封鎖。

　　儘管我們所有人都在距離蓬塔上千公里的雪原中，大家的安全不會受到威脅，只是需要等待蓬塔局勢變好，解除對機場的封鎖，如果天氣允許，我們就可以飛出去。由於行程嚴重超時，大家需要打的電話更多，衛星電話費用顯然不夠，每次通話都只能最直截了當地說個結果，報個平安，沒法細說。

　　夜裡 1 點半，我悄悄離開了營地，想一個人去空曠的雪海走走。

　　我走得很穩，也很慢，一直單純地向前。羽絨服的拉鍊一

直拉到頂端，把嘴也摀在裡面，頭部也裹得嚴嚴實實。開始往前走的時候，南極的清冷讓人有些縮手縮腳，待到慢慢走熱，渾身就輕鬆了下來。我踏著雪地上晶瑩剔透的雪花，盡情感受著腳下有節奏的吱吱聲。突然之間，我不知為什麼產生了一股強烈的孤獨感，甚至伴隨著一點點害怕。

我停下腳步，一個人站在那裡，閉上眼睛，盡情地審視著自己內心的心境。我感到身後有一個熟悉的身影向我靠近，靜靜地站到了我的身旁，然後慢慢地但卻緊緊地把我抱在了懷裡。一 那，我的眼淚湧了上來，透過淚光彷彿看到了那個熟悉的身影。我的心猛地跳動了一下，彷彿從夢中驚醒。若不是在這樣的孤寂環境中，人怎麼能體會到，平時熟視無睹的平凡，其實都在我們內心深處烙上了珍貴美好的溫馨。

當我一個人在茫茫雪海中轉過頭去，感慨著極晝夜裡出現的幻象，一切又恢復了平靜。在距離我很遠的營地，帳篷就像散落在白色沙灘上的一粒粒貝殼。

走出了太遠，該回去了……我對自己說。

試圖沿著自己來時的腳印一步步原路返回，可是走起來一扭一拐很不自在，後來才意識到，原來是踩反了。我停下來，雙手放在厚厚的羽絨服兜裡，臉被羽絨服包得只剩下兩隻眼睛，睫毛上也結上了冰霜。站在原地笑了笑，又搖搖頭，自嘲了一下。

此時的我，已不再像來時那麼沉悶和緩慢。我快樂地沿著雪地上來時的腳印，大踏步地走向靜悄悄的營地。

海拔 8516 公尺
攀登紀錄
2011 年 5 月 26 日 05:02（尼泊爾時間）登頂

洛子峰，海拔 8516 公尺，地理座標為北緯 27° 96'，東經 86° 93'，為世界第四高峰。
洛子峰意為「南面的山峰」，就因為它地處珠穆朗瑪峰以南三公里處，兩峰之間
隔著一條山坳，即通常所說的「南坳」。洛子峰藏語稱之為「丁結協桑瑪」，意
思是「青色美貌的仙女」

大愛無形
2011 洛子峰

從 7350 公尺的地方下山，快到 C2 營地的時候，抬頭看到了眼前的這一幕：
一位穿藍色連體羽絨服的隊員彎腰蹲在雪地裡，再沒有力氣行走，而穿紅色
連體羽絨服的隊友把他費力攙扶了起來，然後攙扶著他繼續一步步前行……
我走在後面，看見他們倆開始艱難地前行，漸漸變得輕鬆和諧起來，這種
和諧，絕不亞於一對朝夕相處的情侶。

　　我從未真正習慣一個人在路上。

　　當我被阻隔在南極冰天雪地，哪裡也去不了的時候，我還問自己為什麼要選擇這次旅程，但是，當又一次攀登來臨的時候，我還是毫不猶豫地背起了行囊再次出發。

　　傳說，「神的孩子都在尼泊爾」，是不是誰都想來這裡沾點仙氣？

　　2011 年 4 月 20 日，我再次來到尼泊爾，準備攀登緊鄰珠峰南坡的洛子峰。

　　洛子峰海拔 8516 公尺，是世界第四高峰。它與珠峰之間只隔著一條山坳，即通常說的「南坳」，也是珠峰南坡攀登時的 C4 營地。所以洛子峰與珠峰南坡攀登線路在 C3 營地以下是重合的，同樣需要通過危機四伏的孔布冰川、西冰斗和洛子壁，從 C3 營地以上與珠峰南坡路線分道揚鑣，繼續沿洛子壁上碎石的岩石裸露區，從攀登難度和不確定性上講，超過了珠峰，所以我們這次五名攀登隊員都是登頂珠峰之後才決定登洛子峰的。中國隊員是我和張梁，還有準備徒步到珠峰南坡大本營的楊浪濤和陳大衛。

　　尼泊爾珠峰南坡徒步路線也是世界十大徒步路線之一。到加德滿都後，我們乘坐直升機飛往海拔 2840 公尺的 Lukla。Lukla 小鎮是珠峰南坡徒步線路的起始點，從這裡開始沿山谷徒

步一週可到達海拔 5300 公尺的珠峰大本營，一路上道路蜿蜒，風景旖旎。森林、溪流、空谷、雪山……大自然在眼前漸漸展開一幅幅秀美的畫卷。去年去珠峰，由於急著趕路，沒能仔細享受這條徒步線路的變化和樂趣。這次時間不急，正好借著恢復體能的機會，可以從從容容地欣賞沿途的風景。

從 Lukla 開始進入了徒步行程，首先沿著山谷進入了無邊無際的原始山林。一路上鳥語鶯啼，曲徑通幽，小路時而穿越在古樹林裡，密密的松枝搖曳著斑駁的光影；時而又轉到了懸崖邊上，幽幽的空谷回蕩著清流的湍急。而當走過懸在山谷之間的鐵索橋時，直聳藍天的雪山又豁然映入眼簾，令人目不暇接。最高處岩石邊還有盛開的粉色杜鵑花和藍天輝映，一路上的優美風光讓令人陶醉，彷彿進入了夢中仙境。

一路走來，面對這美麗的景色，陳老師開始了他的速寫畫創作。他是一位高山畫家，創作大多都來自在登山中的靈感。我也不由自主地拿出鋼筆畫了一幅速寫。怡然陶醉之中，我彷彿又回到了初中的美術課上。那時，被老師認作班裡畫畫最好的我，經常得意地幫班裡偷懶的同學畫畫。可雖然都是我畫的，老師卻只給我滿分，而給同學的分數卻要低一些。原來我們自以為聰明的小把戲早就盡收老師法眼，只是善良的老師沒揭穿我們就是了。那時，我剛從山村到爸爸單位的子弟學校上

學。之前在山村沒有美術課，更談不上專業輔導的老師了，畫畫那點本事都是自己瞎琢磨自學的。時光荏苒，一下子，快過了二十年，而今天，當我再次沉浸在這個小山村的靜謐之中時，彷彿又回到了少年時光。

當徒步到達了海拔 3790 公尺的 Khumjung 時，海拔的上升使我略感疲憊，吃完午飯後就不由自主地睡了過去。這一睡就是四個小時，我有點不滿意自己的狀態。自從南極回來之後，沒有一次認真鍛煉，所以這次徒步為了能儘快恢復體能，我有意不給背包減負：相機、攝像機、電腦，一樣不少。

與 Namche 相比，我更喜愛這裡的安靜。是夏爾巴民族聚居的最大村落，鎮上布滿石頭和木質結構的客棧。因為高海拔運輸物資成本昂貴，這裡有些小客棧的床鋪縮窄到了極致，寬度大約只有七、八十公分。旅遊業已構成了沿途村落的主要經濟來源，背夫、協作幾乎都是從沿途村落中挑選的。他們常年生活在高海拔地區，對雪山有著天然的適應能力。小鎮給人的感覺很祥和，層層疊疊的小塊梯田上，種植著一些蔬菜和馬鈴薯。田埂一公尺多高，全是石頭砌成的，主要是為防止泥土流失。房屋邊堆滿了幹樹枝，時而能見到些樹葉和犛牛糞。

從 Khumjung 來到 3810 公尺的 Photse，清晨，被綠色環抱的村寨顯得明麗而清新。拉開客棧的窗簾，雲霧在山間流動，

一股濕潤的氣息撲面而來。遠處，山谷裡的激流聲和各類鳥鳴不絕於耳。抬頭仰望，那些雄偉的雪山彷彿近在咫尺。

早飯後，我在門口的一塊大石頭上坐下來。沐浴在溫暖明媚的陽光裡，呼吸著稀薄但卻清純的空氣，索性躺在潔淨的石塊上，閉著眼睛盡情享受著大自然的恩賜，直到感覺昏昏欲睡時，才伸伸懶腰爬了起來。這裡的一切都讓人感到單純，客棧的小賣鋪永遠是開放的，沒有人看管，只是大家自覺叫店主買單，離開客房時我也從來不鎖門，一切都安寧祥和，有種心回歸本源之感。

我一人走出村落，漫無目的地隨性漫步。叢林裡的山雞出來覓食了，站在那裡遙望下方，不遠處就是我們昨天穿越的重重山谷，谷中覆滿了密密的樹林，還有大片大片的粉紅色杜鵑花迎風綻放。我悄然走進開滿杜鵑花和長滿鬍鬚樹的叢林裡，不知道什麼時候，天上下起了雪，好像是從山谷遠處的雪山飛

夏爾巴村落 Khumjung。

海拔 3440 公尺的 Namche。

來，潔白的雪花在空中悠然飄著翩翩起舞，然後無聲地落在古老的鬍鬚樹上。一陣輕風掠過，披著雪花的毛茸茸的樹枝在空中悠然自得地飄揚，彷彿是叢林中長袖善舞的綠衣仙子，這景象美到了極致。

不過，高海拔的美麗中常常孕育著莫名的危險。在營地，廚師 Lachu 突然抱著頭從廚房裡衝了出來。見他的臉扭曲得像抽筋似的，嚮導 Larly 馬上關心地問道：「頭疼？」

又黑又瘦的 Lachu 眉頭皺到了一起，咧著嘴點頭：「頭痛得厲害……」

「什麼時候開始的？」

「昨天下午。」

Larly 示意他走到自己身邊坐下，然後依次摸著他的太陽穴和後腦勺問：「哪裡疼？這兒？還是這兒？」

得到答覆後，Larly 快步上樓拿來藥箱，翻出藥給 Lachu 喝下，然後安排 Lachu 去休息睡覺。

不料，過了一會兒，Lachu 開始狂吐。

Lachu 可是富有經驗的夏爾巴高山廚師，在海拔不足 4000 公尺的地方，怎麼會突然出現如此嚴重的狀況？嚮導說，他可能是這幾天跑上跑下運動量太大勞累所致。第二天早上我起床後，看見 Lachu 正閉著眼睛，很難受地靠在椅子上。我問他感覺怎麼樣。「還是不行，可能需要下山去檢查一下。」他有氣無力地回答。他堅持到了下一站，但是狀況依然不減，最後不得不收拾行李下山，回到加德滿都治療。高山病來時非常迅猛，即使在高原生活的夏爾巴也不能豁免。藥物雖然能暫緩症狀，但最有效的治療是儘快返回低海拔的地方。在徒步線路上，向低海拔轉送交通人力還算便利，如果在高海拔的雪山上，就非常困難，所以高山病也是高海拔登山的頭號殺手之一。

路過 Tengbuchi 時，當地協作帶我們拜見了當地的喇嘛。他給每個人寫了一張祝福帖，繫了一條保平安的紅繩，繫好紅

繩後，他親切地與我們每個人碰頭，傳遞祝福。我清晰地記得他手上有藏族酥油茶的味道。其實尼泊爾的夏爾巴和藏民同源，是幾百年來從中國西藏逐步遷徙而來的。所以無論是生活習慣，還是宗教信仰，夏爾巴和藏民都很相似。

由於邊界貿易，這個區域常常可見國內的商品和偶遇做「貿易」的藏民。這天中午，在歇息吃午飯的地方，我們就遇到了個會說漢語的十五、六歲的藏族孩子。他叫洛桑，來自西藏紮西絨布寺鄉。他們一行三人，翻越西絨布冰川來到尼泊爾做「邊貿」生意。他們會背一些中國的日用品到尼泊爾珠峰南坡，賣給這裡的登山、徒步愛好者，或者是滿足當地人的需求，以此維持生計。

童真未泯的洛桑滿面笑容地告訴我們：「我們把東西背過來，然後再把錢背回家。」一年中他們只是在春季和秋季這樣做，因為這兩個季節是登山徒步的旅遊旺季。

看著孩子高興的樣子，我們逗他說：「等我們登完山和你一起翻越冰川回中國。」

他看著我們，皺著小眉頭嚴肅地說：「你們恐怕不行，那裡有 6000 多公尺，不容易過去呢！」

同行的楊浪濤告訴他我上過珠峰。他充滿好奇而又滿懷質疑地問我：「你真的去過珠峰頂？」

楊浪濤代我答道：「她已經登頂過四座8000公尺雪山呢！」

「嗯⋯⋯」

他倆對視了一下，洛桑咧嘴笑了，然後放低聲音說：「這樣的話，她一人可以跟我走。」

大家都笑了起來，洛桑也難為情地摸著腦袋笑了。

這時，天上飄起了鵝毛大雪，而且越來越密。洛桑趕緊跟我們道別，背影很快消失在風雪中。看著洛桑在大雪紛飛中離去的背影，想到他模仿成人的口氣與我們的對話，好心酸，但是，他快樂自信的精神頭兒，又給了我不少安慰。

經過整整一個星期的徒步適應，4月28日，我們到達了海拔4910公尺的羅布傑營地，住進了帳篷。這也就意味著，接下來的一個多月，我們都無法睡在床上了。

在這樣的海拔，天氣變化頻繁起來。前一分鐘，還遠遠望見羅布傑山頂有黑影在往頂峰移動，轉過頭來再看，山頂已經雲霧繚繞。山上起風了，但山下似乎風平浪靜，營地陽光明媚。好多天沒有洗頭了，我從廚房打了些熱水洗頭髮。我剛把頭髮淋濕，天氣馬上又變了，太陽被雲霧遮了起來。溫度急速下降，我快速沖洗一下，馬上鑽進廚房帳篷取暖，平日的秀髮變得有些僵硬。

從中午到天黑，壞天氣一直沒有好轉，整個營地都被大風

和大霧籠罩著，今年的天氣給人的感覺特別異常。我躺在帳篷裡，身體軟綿綿的，因為缺氧，很想睡覺。我強迫自己不那麼早睡過去，因為進山後一定要保持規律的作息，我把頭鑽出帳篷，看到太陽照了過來，山頂上又布滿了快速移動的雲霧。

　　我起身約了張梁、楊浪濤和陳老師，一行四人走向羅布傑後山，大約上升了 150 公尺，身邊已經是雲霧飛馳，一會兒工夫，周邊的雪山全部蒙上了白色面紗，一會兒又露出了山巔，雪山在輕紗般的雲霧的萬變裝扮下，面孔瞬息萬變：忽而是舞動輕柔衣紗的仙子，忽而是面目猙獰的狂野惡魔。這種山峰和雲霧合作演繹出的富有變幻的色彩，但是對於登山者，其中卻隱藏著無法預知的危險。

　　半夜，「啊！啊！啊！……」

　　我被旁邊帳篷裡隊友張梁喘不過氣來的噩夢聲驚醒。

　　打開頭燈看了下表，剛凌晨 3 點，旁邊的陳老師也被驚醒了。張梁說他每次登山出發前都會嗓子發炎，急得上火。他經歷過道拉吉里峰失去隊友的殘酷，他給我描述失去隊友時的情景，讓我再次陷入了沉痛。隊友瀕臨死亡前，臉色蒼白，睫毛上也布滿了冰霜，在風雪中奄奄一息地艱難挪動、孤獨求救……記憶中許多驚心動魄的細節怎麼可能會忘記？而這一次攀登，我們討論山難的時間又異常多，不光他，我也在無形中感到了

些壓力。

頭一天晚飯時，羅塞爾向我提起，IMG 隊裡的一名美國隊員永遠留在了洛子峰山上，至今還沒有聯繫上他的家屬。由於擔心對大家的情緒和狀態造成影響，這個消息盡量控制在有限的範圍內傳播。但是似乎大家都知道出事了，因為白天去 Kala Patthar 的路上，飛進來兩架救援的直升機，它們在珠峰南側轉了好長一會兒。

儘管到目前為止還不清楚具體情況，但是直升機搜救的情形讓我的內心受到了極大觸動。白天路過去年為道拉吉里遇難隊友堆砌的瑪尼堆時，彷彿又看到了他們的影子，朋友瀕臨死亡的場景在我眼前不斷浮現，禁不住又躲著哭了起來。

同行的陳老師最終決定和攀登珠峰的鐘建民一起提前回國。陳老師原本是打算攀登 6119 公尺的羅布傑峰，但因為始終不能很好地適應高海拔，幾次行軍都很痛苦，在 5000 多公尺的大本營的狀態都一直很不好。鐘建民是一位年過五旬的香港人，在香港有一家自己的戶外產品店，是圈內資深的戶外人。這次攀登珠峰的過程中，他出現了腦水腫，隨隊醫生建議他不要再繼續堅持。他癡迷並且眷戀著雪山，這些天他一直都沒有放棄攀登訓練，攀登珠峰的準備本身就不是一件很容易的事情，而他堅持了一半需要中途放棄，那更是難上加難。告別的時候，

鐘建民很難過，即使戴著眼鏡，也能看出他眼睛裡含滿了淚花。楊浪濤也已經返回了，送他那天，我不敢抬頭看他向我揮手離去，想起大家在一起時的歡聲笑語，心中充滿了憂傷。送走隊友，我走到為道拉吉里遇難的隊友而砌的瑪尼堆旁，忍不住大哭起來。看著眼前隊友的瑪尼堆，我傷心地一邊擦著眼淚一邊圍著瑪尼堆轉圈……

我們開始從羅布傑的 BC 營地向一號營地進發。走出一會兒我才發現，路線和去年登頂珠峰時並不一樣，路況也不同。原來的石壁路段，今年覆蓋著厚厚的積雪，看來天氣真的比去年差，至少積雪比去年就厚了很多。我們用了將近 7 小時從一號營地到達海拔 6119 公尺的頂峰又回到羅布傑基地營。從徒步一開始，我幾乎每天都感覺腰酸背痛，今天的雪山攀登過程中，腰部又開始痛，我真擔心它在登頂時發作。

和攀登珠峰一樣，這座被當做適應性訓練場地的羅布傑峰，海拔只有 6119 公尺。站在山脊上，可以清晰地看到珠峰營地和孔布冰川以及整個冰床的走向。據說，沿著山脊走二十多公里就可以到達卓奧友；站在頂峰上，更能看到珠峰、洛子峰，還有馬卡魯和卓奧友。

5 月 8 日得到消息，為了更好地適應高海拔，減少通過孔布冰川次數，降低遇到雪崩風險的概率，要求每個隊員帶著自

張梁、陳大衛、鐘建民、楊浪濤。

己的裝備和兩頓午餐、兩頓晚餐和一頓早餐，次日從基地營直接衝到頂峰營地，然後在頂峰營地住兩個晚上。

　　5 月 9 日早上 6 點半出發，12 點半就到達了頂峰，我感覺自己的攀登狀態從來沒有這麼好過，整個過程也沒有什麼不良反應。距離我們不遠的地方，就是更高的山脊，也就是羅布傑的真頂，通往那裡的山脊很窄，兩邊都是深達千公尺的深谷，途中還有一道巨大的冰裂縫，跨越裂縫的時候，心驚肉跳，連呼吸都幾乎停止，踩上去，生怕破壞了雪山的平衡，哪怕是一點點動靜，好像都會讓雪山一分為二，把人吞進深不見底的冰縫。

　　兩天後，當我們回到 BC 營地的時候得知，九名攀登珠峰的隊員已經到了 C3 營地，這意味著，他們馬上要衝頂了，如果天氣好，他們或許第二天凌晨就可以到達海拔 7900 公尺的南坳，然後從那裡衝頂。如果順利的話，一星期後，我們也將登

珠峰 C1 營地。

孔布冰川的猙獰面目。

頂洛子峰。

　　不料，5 月 12 日，當我們在營地休整時，南坳的風雪刮得非常大，天氣變得十分惡劣。先是傳來攀登珠峰的所有隊員需要緊急下撤的消息，之後又得知，其他隊伍的攀登者也要陸續下撤。因為，在這樣的天氣條件下，如果繼續往上攀登，可能會遭遇 1996 年那樣無可挽回的災難性事件。1996 年 5 月 10 日登頂那天下午，暴風雪突然降臨，而且越來越猛。體力透支、視野不清、氧氣不足、寒冷受凍，大多數人陷落於暴風雪中。最終，那個春季一共有十五人遇難，其中包括的兩位領隊是當時世界上開展珠峰商業攀登最好的兩家公司的創建者，而參與救援者不乏活躍的世界級攀登者。關於他們的死因無法找到一個科學的解釋，後來傳出這次山難是因為「天塌下來了」，大氣的同溫層突然沉降到了珠峰頂上。

　　當然，不可能是什麼天塌下來了，多次 8000 公尺的攀登經驗告訴我，壞天氣隨時都可能降臨，要想避免厄運，一方面是對天氣的科學分析，另一方面還真得看運氣。但更重要的是，遇到風雪時如何正確決策。

　　這次在 7900 公尺攀登珠峰的成員就遇到了暴風雪，已經四人回到了大本營，另外四人留在了 C2 營地，還有一名想下到大本營的隊員因為體能透支，被迫留在了 6100 公尺 C1 營地，陪同他的正是那位叫我女夏爾巴的嚮導——Adrian。C1 是一個臨時營地，除了帳篷，幾乎沒有什麼物資，只是個臨時歇腳的地方，由於是建在移動冰川的末端，很容易發生雪崩，這樣的

暴風雪天更不會有人會選擇在那裡過夜。但是因為天已經黑盡，那名隊員極度疲勞，連繼續走的力氣都沒有了，更何況要穿越犬牙交錯的孔布冰川。我在黑夜裡正聽著那些回到大本營的隊員描述他們在風雪中的危險經歷，突然間，對講機裡傳來嚮導Adrian的聲音，他正在與大本營坐鎮指揮的羅塞爾急促對話：

「現在 C1 營地很不安全，你打算怎麼辦？」

「我沒有辦法。」

「C1 現在的情況太糟糕！」

「對不起，我真不知道該怎麼辦……」

「相比晚上穿越孔布冰川，還是待在 C1 更安全……」

聽到羅塞爾與 Adrian 的對話，我的心揪成了一團，《進入空氣稀薄地帶》裡描述的 1996 年的那場災難彷彿近在眼前。

讓人安慰的是，留在 C2 營地的四名隊員和 C1 成員在第二天都陸續回到了大本營，不過他們也帶回了一個壞消息：昨天，一位日本攀登者在 8000 公尺的地方遇難。我們這些攀登洛子峰的隊員也改變了留在 C2 營地然後衝頂的計畫，決定通過孔布冰川到達 C2 和 C3 營地，進行三晚四天的艱難適應訓練，然後再回到大本營，等待登頂視窗期，這就意味著我們又要再次通過孔布冰川。

5 月 14 日凌晨 2 點 40 分，我們在夜色中踏上了向 C2 營地

進發的征程。在換冰爪的區域，黑暗中，遠處忽然傳來一聲巨響。天亮時穿過孔布冰川路上，發現了一片剛崩塌過的雪崩新區域，大約占了孔布冰川總路程的三分之一，表面上全是大面積的碎冰塊，這應該就是我們早上出發攀登中聽到傳來聲響的地方，如果再發生第二次雪崩，我們可能很難活命。

　　大家低聲互相提醒，穿過這裡時盡可能不要停留。可是，由於雪崩區域太大，想快速通過最少也需要一個小時。穿越這麼長的剛剛雪崩的地帶，對攀登者的心理真是個極大的考驗。我想起去年攀登珠峰的最後登頂期間，一位同隊的外國隊員就是因為通過孔布冰川時巨大的恐懼和心理壓力，兩小時後放棄了攀登。今天也有一名隊友受雪崩影響，步伐慢了很多，沒有辦法跟上其他隊友，最後不得不留在 C1 臨時營地。

　　整整 10 個小時的攀登之後，最終上到 C2 營地的隊員幾乎都累垮了，每個人都已經有氣無力。午飯後，大家都鑽進帳篷休息，可是並不好受，只要有太陽，帳篷裡的溫度就像火爐一樣；而一旦是風加上雲霧遮擋，帳篷裡馬上又變得陰冷陰冷的，溫度幾分鐘內會下降攝氏 30 度，需要迅速穿上羽絨服。

　　從 C2 營地上到海拔 7350 公尺的 C3 營地，我並沒有像去年登頂珠峰時那般劇烈地頭痛。下撤時，我看到兩個剛從頂峰或者是高海拔營地南坳下來的兩個大個子男人，他們顯得非常

大愛無性。

疲憊，其中一人動作緩慢而艱難，明顯是體能透支。當走到 C2 的冰塔林時，穿著藍色連體羽絨服的男人突然變得跌跌撞撞，彷彿再也沒有力氣行走，最後，他乾脆彎著腰坐了下去，而休息片刻後，另外一名站在他旁邊的穿紅色衣服的男隊員，蹲了下去，攙扶起他，倆人繼續艱難前行。

　　面對這幅難得的畫面，我默默站立在雪地中，久久回不過神，看著他倆的步伐在艱難中漸漸變得和諧起來，這種和諧，絕不亞於一對朝夕相伴的情侶。

　　愛，還有性別區分嗎？

　　我想，這就是人間最高境界的愛——大愛。

　　回到 C2 營地，遇到了剛剛到來的日本嚮導 Hiro 和他帶領的四名攀登珠峰的印尼隊員。我們聊起了 2010 年的道拉吉里山

難，他說有三名日本登山愛好者也遇難了，他的隊伍中，還有一位輔助他工作的日本人也經歷了那場災難，但他還想著再去攀登道拉吉里。

Hiro 說：「我們倆都想去。」

他們問我是不是要攀登十四座 8000 公尺。我只是搖搖頭。

Hiro 用手指著我，笑了笑，用懷疑的眼神看著我。

我們聊天時，周圍不時傳來雪崩的聲音。攀登卓奧友峰，我親身經歷過雪崩，誰能保證自己會一直那麼幸運，能在滑墜時幸運地停在懸崖邊上？能從雪崩中再次死裡逃生呢？

C3 營地適應結束返回大本營又路過孔布冰川時，我發現，新的雪崩區又增加了幾處，在犬牙交錯的冰塔林之間行走，有兩次，腳剛踏上雪，突然響起很大的塌陷的聲音，令人毛骨悚然。

回到大本營休整期間，羅塞爾每天都在琢磨天氣，他依據非常細緻的高空雲圖和衛星雲圖分析，加之他對山峰多年的現場分析經驗，預判登頂洛子峰的最好視窗期，應該是 25 日或 26 日。

5 月 22 日，就在我們在 C2 營地準備衝頂時，突然得知，西班牙隊的多名隊員被困在了珠峰南坳，而且已經有人雪盲雙目失明，還有人骨折和凍傷，需要緊急救援！

HIMEX 和 IMG 各派出兩名最強悍的夏爾巴，參與救援的

珠峰高海拔直升機救援。

普巴紮西，帶上了強心針劑和雪盲症等藥品，還有一些食物和水。普巴紮西已經有登頂珠峰十幾次的經驗，如果他都沒有辦法完成救援的話，其他人更是無能為力。

夏爾巴去救援的途中，傳回了印度隊在攀登洛子峰也遇到了同樣困難的消息。

大家一邊等待，一邊感慨：「沒有辦法，登大山就會遇到無法想像的事，總是有人會出意外。」

大家都期待著那些被困的隊員能早點到達 C2 營地，這樣天黑前直升機才有可能飛進來救援。從一早接到救援消息直到黑夜來臨，不斷有被困隊員陸續回營，大家都聚集到我們的餐廳帳裡。回來的隊員都有不同程度的凍傷，其中一名西班牙女子手指五處凍黑，不得不等待明天早上飛機進山把她接到醫院治療。粗略統計了一下，兩個隊有九個人不同程度凍傷，在營地救援時，他們都拒絕被拍照。

西班牙這支隊伍在 7900 公尺營地沒有準備氧氣，在 C2 也沒有搭建自己的營地和準備備用的食物，這種被圈子裡叫做「蹭登」的方式並不受大家認可，因為一旦出問題，就會連累到其他隊伍。據說當天氣變壞時，他們在攀登過程中多人從一條繩子上掉了下來而出現意外，然後被迫留在 C4 住了一晚。他們沒有氧氣，用掉了羅塞爾隊伍在山上準備的六瓶氧氣，才使整

我與普巴紮西在洛子頂峰合影。　　　　洛子峰 C4 營地。

個隊伍狀況的嚴重惡化程度得到控制。如果他們出事的營地沒有備用氧氣，那後果肯定還更嚴重，有人一定沒有辦法活著下山。

　　普巴紮西去了 C4，還一直還沒有回來。外面狂風大作，他今天沒有穿連體羽絨服，我真擔心去救援的人再出問題。直到夜裡 11 點多，普巴紮西和其他夏爾巴才捨命把西班牙隊傷勢最嚴重的一位隊員用專業的救援床連拖帶拽地弄到了 C2 營地，普巴紮西的雙眼已經布滿了鮮紅血絲。受傷隊員雙目失明，左腿骨折，鼻子被凍黑，臉也凍傷了，十個指頭全部凍黑，腳趾也凍傷了，當我看到他的時候，他的眼睛已經被白紗布包裹著，平躺在廚房帳篷裡的地席上，一動不動，一直戴著氧氣面罩吸著氧，直到第二天一早被救援直升機運走。

　　第二天一早，直升機飛到海拔 6450 公尺的 C2，降落在營地外的冰床上。停機坪用簡單的石頭和顏色示意，實際上就是

在雪地上用有顏色的塗料畫出了一個「H」形狀。五年前，直升機還飛不到這樣的高度，因為曾經有飛機飛進來後就再也沒有飛回去。為了確保安全，每一次救援只能運載不超過一百公斤的重量，這也就意味著，每次只能運走一名傷患。而且，在整個裝卸過程中，飛機發動機不能熄火，停留時間在三分鐘之內，然後必須迅速調頭飛走。

我近距離拍攝了直升機起降和救援的情景，快速氣流導致極度缺氧、緊張擔憂，而又要保持攝像機平穩，真讓人窒息。

這次特殊救援的三次飛行會產生昂貴費用，十天前日本隊要求夏爾巴從 8000 公尺處把他們隊友的遺體運到 C2 就花了五千美金，而直升機飛到 C2，一次就需要一萬美金，三次就得三萬美元。但這一次救援，沒有人會付羅塞爾隊任何救援費和意外消耗掉的物資費用，也不會付任何去救援的個人一分錢。這支遇險的隊伍雖然傷勢慘重，但畢竟都還活著。曾經也有過沒有得到救援引起爭議的很多案例，普巴紮西能帶頭去救他們下山確實幸運，但這樣也給救援的人帶來很大的危險，同時也會影響到其他攀登者的正常攀登，這也是大家為什麼不喜歡看似省物資的「蹭登」方式的原因。

5 月 24 日，終於攀過長而陡的洛子壁到達海拔 7350 公尺的 C3 營地。

　　下午天氣出奇的好，飄著一點點小雪，但是沒有風，陽光不是很強烈，有一些零星的雲霧，這使得帳篷裡不是很冷也不是很熱。在如此高的地方，遠離人煙，我再次住進自己研發的帳篷裡，倍感親切、舒適。

　　5 月 26 日凌晨 1 點，我們從 C4 出發攀向頂峰。

　　一路幾乎沒有風，普巴紮西領攀。之前修好的路繩被壓在雪裡有五十公分深，需要用很大力氣才可以拉起來，嚮導 Adrian 在第二位檢查路繩，接下來就是 Tashi 和我，我們一直跟在他們後面，其他隊員陸續跟在後面。路上，我留意到一隻冰爪，可能是西班牙那支隊伍出事掉在這裡的，這無疑給自己在安全意識上打了一支警醒的強心針。

　　因為，在如此高的海拔，「高反」已經可以讓人變得行為、意識異常。昨天在 C4，發生了一件啼笑皆非的事。隊友離開時，留下了一些日本產的高山食品，因為是米飯，我們都很珍惜。張梁用水先沖了一包方便米飯吃。吃著吃著，他忽然皺眉嘟囔：「這日本的東西也太不靠譜了吧，怎麼飯粒裡都是石子兒？」我探過頭看了看，米粒裡確實有一些白晶晶的東西。我也正在準備撕開包裝袋沖泡米飯，一邊撕，一邊想不通，怎麼石頭都進米粒了？當我從口袋往外拿包裝裡的東西時，看到了一個獨立的小包裝。我忽然意識到了，張梁所謂的米粒裡的「石子

兒」，就是這東西！「你是不是把米飯裡的乾燥劑當調味包一起沖泡了？」我話一出口，你能想像出張梁是什麼表情嗎？不過，我們倆很快扯平，因為，我也馬上幹了一件異常「高反」的事兒，具體是什麼事，轉眼間我們倆誰都死活想不起來了。但這讓我回憶起前天在 C2 營地上完廁所後，我停靠在旁邊的石頭上喘氣，感覺石頭冰涼，才發現自己居然沒有拉上屁股後面的拉鍊，高海拔缺氧讓人什麼都可能忘記、做錯，急得我趕緊看看周圍，還好，沒有別人。

去往頂峰的路上，我們攀登的每個細節都非常謹慎，最後攀登路線，全是岩石，而且非常陡峭，還有很多活動的小塊岩塊，走在前面的隊友如果不小心踢落了石塊，就很有可能擊中後面的隊員，我們每個人都小心翼翼，生怕小石塊滑落。洛子峰的頂峰很窄，全被厚厚的積雪覆蓋著，形成一個尖尖的雪崖，雪崖上面大約只能擠下三到五個人。

早上尼泊爾時間 5 點 02 分，我到達了洛子峰頂，我非常清醒和開心。

稀薄的空氣中，頂峰距離北邊的珠峰好像近在咫尺，觸手可及。但其實它們有三公里之遙。我興奮地站在山頂四處遙望，雄偉的珠峰君臨天下，在朝霞中散發著宏偉的氣勢。腳下無盡的雲海雪山，都籠罩著一層夢幻般的迷離。

去年我們從珠峰南坡攀登時，看不到珠峰的面貌。而今天站在洛子峰頂看珠峰，才真正體會到它天地神針般的雄偉。

據說珠峰頂峰有信號，洛子峰緊挨著珠峰，我諮詢了很多人，都說洛子峰頂一定有信號。出發前的晚上，我在帳篷裡編寫好登頂的微博，到達峰頂時，小心翼翼拿出手機打開，想和大家分享在頂峰上看到的壯麗景色和美妙心情，遺憾的是，頂峰真的沒有信號。

頂峰沒有信號，發不了微博，也許，大自然想要告訴人們——登頂，無關展示與炫耀，一切力量都源於內心……

這時，朝陽升起，雲海上印出了雪山的身影。

這是珠峰的影子，最高山峰在雲海之上，在人心中……

海拔 8463 公尺
攀登紀錄
2012 年 5 月 11 日 10:00（尼泊爾時間）登頂

馬卡魯，海拔 8463 公尺，北緯 27° 54'，東經 87° 06'，位於喜馬拉雅山脈中段，其西北方向距珠穆朗瑪峰二十四公里，沿西北—東南山脊為界，北側在中國西藏境內，南側在尼泊爾境內。峰體上終年覆蓋著厚厚的冰雪，坡谷中分布著巨大的冰川，冰川上有許多深淵般的巨大冰裂縫，冰崩雪崩都十分頻繁。

速戰速決
2012 馬卡魯

———

頂峰雪崖上飄著前一支隊伍留下的兩束經幡，我們相互拍著登頂照片，然後又拍攝了一段視頻。朝遠望，周圍是不知名的群山；俯瞰去，山下有種懸空的虛無；轉頭看，是我和 Tashi 攜手走過的山脊上的腳印。
這是我攀登過的六座 8000 公尺級山峰中最難的一座。

　　還記得那一天——2012年4月8日，我送正在讀一年級的小女兒去學校。一路上，我一手開車，另一隻手一直握著她的小手。進校門後，為了哄她開心，我又主動從宿舍背她到教室，她擔心被同學看見被媽媽背而有些害羞、不情願。我就給她講自己小時候媽媽背我上學的故事：早上，下過雨，空氣陰涼，媽媽把一個熱呼呼的雞蛋塞到我手裡，我悄悄把它放進兜裡，路上泥地濕滑，媽媽怕我摔倒，就背上我去學校⋯⋯到教室後，我幫女兒調整好書桌，收拾好書包，又回到她的宿舍。女兒哭了：「媽媽，我不要住這裡，我晚上躺在床上就想爸爸、媽媽⋯⋯」這是女兒第一次表現出對父母的強烈依戀。因為馬上要離家去登山，我有些放縱自己的感情。我把孩子的頭迅速摟到了胸前，說：「小時候，媽媽也這樣過，如果Judy想爸爸、媽媽，就在心裡輕輕唱歌吧，這樣就可以和爸爸媽媽一起睡了。」我低頭摟著孩子，在她背上輕輕拍了拍，然後順著孩子胳膊捏著她環抱在我腰間的小手，生怕孩子察覺到我濕潤的眼睛。我又鎮定了一下自己的情緒，拉著她的小手在空中開心地晃了起來。「一、二、三，耶——」把她高高抱在懷裡，女兒笑了。我抬頭看著她：「好了，媽媽該走了。」然後把她板整地放在地上，蹲下身，雙手擠著她的小臉蛋，親了親，又說了一句「媽媽該走了」，然後笑著快速轉身離開了宿舍。可這一份離

開女兒的不捨，卻一直牽動著我，伴隨著我到了喜馬拉雅。

這是我第三次到珠峰大本營。2010 年是登珠峰，2011 年是登洛子峰，而這一次我的計畫是努子峰和馬卡魯連登。攀登前我還要順帶參加旅遊衛視一檔挑戰節目的拍攝，挑戰內容是到尼泊爾偏僻村落採集一公斤的蜂蜜。

被稱為喜馬拉雅山區最大的產蜜的蜜蜂，把蜂巢建築在喜馬拉雅山脈高高的懸崖間。採蜜前，當地村民有非常嚴格的採蜜儀式，祈禱山神保佑採蜜人平安，蜜蜂還能繼續返巢釀蜜。

採蜜之路蜿蜒在樹林中，濕滑難行，遍布不動聲色的螞蝗。螞蝗雖小，卻可以令人極度恐懼無助，因為它們神不知鬼不覺就鑽進了鞋子、褲腿裡，更要命的是，一旦扒在皮膚上，使足勁也拽不下來，有時即使身體被拉斷，它們還在蠕動，讓人一身雞皮疙瘩。人被螞蝗咬傷一點感覺也沒有，但卻立刻血流不止。

還沒到達採蜜的山腳，我就遭遇了螞蝗的襲擊。猛一見螞蝗扒在自己腳踝吸血時，我害怕得一哭二叫三跺腳，直到當地村民趕過來安慰，我的情緒才稍稍穩定下來。後來得知，食鹽和風油精可以預防螞蝗叮咬。我立即把村裡小賣部的十二瓶風油精、三斤食鹽全部買下，鞋裡全都灑滿了鹽，大家笑話我的腳都成了醃鹹肉了。即使這樣，我在路途中還是怕得要命，因為當地人說樹上也有螞蝗，當人經過時，它會從樹上脫落，彈

手指被蜜蜂蜇了。

熬製蜂蛹。

玩命採蜜。

喜馬拉雅山區最大的採蜜蜂。

跳而下，讓人行走中沒有一步安心。

和螞蝗相比，這裡的蜜蜂更厲害。到了山腳下，當地村民用竹竿捅蜂巢，蜜蜂蜂擁而出，撲向人群，我趕緊蹲下捂住頭，但還是被蜇了兩次，劇痛啊。

要完成採蜜的挑戰任務，必須爬上長滿灌木叢的陡峭山頂，然後在沒有任何保護的情況下，順著崖壁下降，到達當地人懸掛在空中的竹篾梯子處。村民覺得太危險，不同意我上山。我英語很糟糕，就連比帶畫地解釋，他們才算勉強同意讓我上。

村民們沒想到，我真的能到達危險的竹梯處，更沒想到，我居然還順著搖晃的軟竹篾梯下去了。吊在軟竹梯上，距離蜂巢還有兩三公尺時，我遭遇了蜜蜂的襲擊。下面的嚮導大叫起來，讓我趕緊往上爬，千萬不能捅蜂巢。這時我才發現，他手腳沒有帶任何防護用具。看來，他根本沒有想到我真能到達蜂巢處。考慮到他的安全，我只好小心翼翼地爬回來，回到懸崖上可以立腳的地方。當地採蜜人衝我豎起了大拇指，笑了起來。雖然沒有成功採到蜂蜜，但這是有史以來村民們第一次見到有女人敢嘗試這麼做。

當天回到加德滿都的賓館，已是凌晨 3 點，兩個半小時後我們即將啟程前往珠峰大本營。我忙得整夜沒有休息。

前往珠峰南坡大本營的途中，在 4200 公尺的 Periche，有

The Everest Memorial 紀念碑。

一座「The Everest Memorial」的金屬紀念碑，碑上記錄著許多年份、人名、國籍等許多資訊。

同行的朋友沒有仔細看內容，知我登頂過珠峰，很認真地問：「碑上怎麼沒有你的名字？」

我苦笑道：「這些名字都是代表攀登珠峰遇難的人。」

他尷尬地做了一個道歉的表情，再沒說什麼。

晚上，一個人靜下來的時候，想起他問的那句話「怎麼碑上沒有你的名字？」自己不禁打了個寒顫——難道有一天自己的名字也會刻在那閃光的碑牌上？

我想起電影《戰馬》裡的臺詞，「男人一生應該幹點冒險

的事……」我覺得女人也可以。現在攀登珠峰的男女比例大約是 20：1，我想 ，隨著時間推移，會有越來越多的女性加入這個被認為是男人的專利的攀登行列。對我而言，攀登就是在做自己內心想做的事，在艱難的攀登過程中可以釋放內心的聲音，也讓自己更加珍惜生活中的點滴。攀登讓我更真誠地面對生命，這裡的一草一木，一石一沙，這樣細微的力量讓人敬畏，感動萬分，是這些看似微弱的力量的集合體成就了自己。攀登者最大的成功，就是能活著回來。但不是每個人都能如願以償，總有人會犧牲成為先驅。我想，如果哪一天我也被埋在這裡，生命並沒有結束，只是融入了更大的生命圈，這樣的想法，是一直激勵著我繼續前進的勇氣。

4 月 27 日從珠峰大本營出發去羅布傑適應時，孔布冰川發生了巨大的雪崩。一起行走在珠峰腳下的隊友們都目瞪口呆，因為從來沒有見過這麼大的雪崩—雪崩從孔布冰川頂端傾瀉而下，如果此時有人在孔布冰川行走，活下來的機率很小。後來得知，這場雪崩只是導致了兩人受傷，發生這麼大的雪崩，沒有人遇難真是上天的恩賜。

在羅布傑適應訓練時，我得知在馬卡魯攀登的兩名隊友張梁和阿忠已經適應到超過 7000 公尺快到 C3 的位置。這就意味著，一旦有好天氣就應該進行攻頂。看來自己連續攀登努子峰

和馬卡魯時間不允許，只能選擇其中的一座山峰來攀登。目前我只在 6119 公尺的羅布傑山頂適應了兩個晚上，還沒有充分適應高海拔。如果馬上直接攻頂 8463 公尺的馬卡魯，相比已經在 7000 公尺適應過的兩名隊友，攀登難度會更大。

5 月 3 日下午回到大本營，在 EBC 營地聽羅塞爾講，今年珠峰已經有人受傷，其中有一個是自己隊伍裡的夏爾巴多吉的哥哥，直升機飛到 6000 多公尺的 C1 接送他到加德滿都醫院急救。動用了直升機，情況一定非常緊急。晚飯後，羅塞爾介紹說，目前攀登珠峰和洛子峰的隊員都已到達 6450 公尺的 C2 營地，鑒於事故和天氣情況，洛子壁今年有很多落石，已經叫停了兩支正在攀登中的隊伍，準備返回大本營。與羅塞爾商量後，我不得不放棄努子峰的攀登，決定 5 月 5 日直飛到馬卡魯 BC 營地與隊友張梁、阿忠會合。

這次攀登馬卡魯，比我想像的要難得多。首先，隊伍很小，只有三個人，營地沒有一名預備的夏爾巴，因此路繩也無法保證修通；其次，這次沒有專業高山嚮導，很多事需要攀登者自己拿主意，而我是最熟悉隊友和組織方的成員，雖然我的英語糟糕，但義不容辭要擔當聯絡人的角色。這是一次很好的組織能力的鍛煉，但同時也是一次不允許出錯的全能歷練。

在羅布傑營地我向以前去過馬卡魯峰的西方嚮導 Francois

以及登過這座山的一位做後勤的老夏爾巴瞭解攀登的具體路線和難度。他們建議，到馬卡魯的第一件事，就是到 7400 公尺的 C3 適應，然後再視天氣情況登頂。這也是羅塞爾和 Adrian 給出的忠告——為了安全，必須先去 C3 適應，然後再準備登頂。

5 月 5 日 5 點多，我起床再次確認了自己的裝備，然後等待離開珠峰 EBC。可因為下雪和大霧，直升機無法進入珠峰大本營，行程需要延期。

午飯後，羅塞爾組織所有攀登隊員、嚮導以五名夏爾巴代表，一共幾十人，一起在球形帳裡開會，他做出了一個令人難以置信的決定：取消今年的珠峰、洛子峰、努子峰三座山峰的攀登計畫。原因是，今年天氣升溫，在修路期間不斷有落石墜下，發生雪崩的頻率遠高於往年，前幾天隊裡受傷的夏爾巴，目前還在加德滿都的醫院裡奄奄一息，估計生還的可能性很小。這個決定意味著，三十幾名登山愛好者今年將與心中的雪山巔峰無緣。大家都傷心不已，很多人都掉下了眼淚。大家都沉默不語，沒有做出任何反對舉動。雖然非常痛苦，但大家都尊重這位「喜馬拉雅王子」的決定。

我一方面慶幸為安全而放棄努子峰攀登的明智決定，另一方面也為自己和大家一樣錯過心中的努子峰而惋惜。這時，羅塞爾向大家正式公布了我一個人明天將要出發去攀登馬卡魯的

消息，大家紛紛上前祝福。

晚飯前，珠峰隊伍裡的一位素不相識的美國人來到我的帳篷前，送給我一串平安符項鍊，說：「這是我媽媽送給我的，我一直帶在身上。今年我不能攀登珠峰了，把它轉送給你，希望你能成功登頂並安全回家。」我被他的行為感動得鼻子發酸，不知說什麼好，從帳篷裡拿出一雙我設計的超輕鈦合金筷子回贈他。我記得，握手道別後，自己一直傻傻地笑著含淚送他離開。

7 日早上，終於迎來了盼望已久去往馬卡魯的直升機。我帶著夏爾巴 Tashi 一起前往。羅塞爾和普巴紮西一起為我們送行。在飛機到來之前，我們四人合影留念，大家內心情感都很複雜，生怕這是最後一次見面。

由於 5000 多公尺空氣稀薄，直升機飛進來時通常發動機都不停止，我們迎著直升機扇動起來的稀薄空氣迅速上了飛機。一看，機長好眼熟，正是我前年在珠峰大本營就認識的義大利人 Simone Moro。當時他知道我研究戶外產品，給我提了一些關於戶外裝備的建議，還開玩笑說，如果你的問題超過五個，我就要開始收費。更巧的是，我們在登頂珠峰的那天，居然在頂峰相遇，今天又碰巧坐上了他駕駛的飛往馬卡魯的直升機，真是太有緣分了。

直升機接近馬卡魯 BC 營地時，他問我：「你們想直接到

王靜、羅塞爾、普巴紮西、紮西　　　登頂之前的祈禱。

ABC 前進營地嗎？」得知還可以選擇降落的營地，我欣喜若狂。
轉頭問了一下後排的 Tashi，我們都一致選擇飛到 5700 公尺的
ABC 前進營地。ABC 前進營地三面環山，直升機貼著山邊在
很小的空間轉了一圈，沒看到明確的停機地方。又繞了第二圈，
最終落在一塊狹小的白雪覆蓋的石頭區域。我們迅速下機，然
後把所有行李搬下來。在巨大的轟鳴聲中，機長囑咐：「Safty
first!」我大聲回應道：「You, too! Thank you very very much!」

　　飛機巨大的轟鳴聲早已驚動了營地的所有人，張梁和阿
忠這時已經從帳篷裡出來迎接，驚喜地問：「不是說你們到達
5300 公尺的 BC 營地嗎？怎麼直接就飛到 ABC 了？接應你們
的人昨天已經下到 BC 等你們了。」我趕緊解釋：「今天是運
氣好，機長是以前在珠峰認識的，他的飛行技術很好，而且今
天天氣也給力，機長問我們願意降落在哪個營地，我們當然希
望直接降落在 5700 公尺的 ABC 前進營地啊！」

　　阿忠是深圳一家酒吧的老闆，個子不高，很熱情，很友善，這是我第一次見到他。張梁是老山友了，依然言語不多，但酒後例外，攀登中也不會輕易發表意見做決定。他在深圳農業銀行系統工作，是農行的大英雄，農行的宣傳路牌上能看到他巨幅的攀登形象。

　　到達的當天，我們就開始規劃接下來的攀登。我提出羅塞爾的建議，要先去 7400 公尺 C3 適應一趟，至少要到達 7000 公尺再準備登頂。已經在這裡適應了多時的張梁和阿忠提出，要跟隨前面的隊伍一起登頂。他們的心情完全可以理解，但我得知，他們並沒有到達 C3 適應。張梁和阿忠的意見是，不可能去 C3 適應，那樣消耗太大了。最後我們達成一致，明天休息準備一天，後天，也就是 5 月 9 日一早，開始攻頂。

　　具體計畫是：9 日當天直接到達 6800 公尺 C2 營地，10 日到達 7400 公尺 C3 後，當晚開始攻頂，11 日中午 12 點前到達頂峰（這也是設定的登頂關門時間），再返回到 C3 休息一晚。如果狀態好，12 日就可以回到 ABC 前進營地，13 日一早就可以飛回加德滿都了。

　　攀登 8463 公尺的世界第五高峰馬卡魯，在山裡總共用時六天，這計畫是不是有點太冒進了？

　　9 日一早，我們按計劃出發了。

　　前往 C3 途中的最後幾百公尺，突然變天了。我和阿忠先到達了 C3 營地。我們到達營地後，風力不減，已經過去一個小時了，還看不到張梁的影子。這時，營地的能見度很低，已經看不清楚路上是否有人了。剛才還緊隨後面的張梁和兩個夏爾巴怎麼還沒有到達？我們趕緊召集兩個夏爾巴冒著風雪回程尋找。原來，張梁在陡峭的岩壁處遇到大風雪後，由於不清楚向上攀登的路線，再也不敢繼續攀爬。他是有經驗的老登山隊員，知道自己身處危險之中，扒著岩壁找到了一個相對避風的積雪區域，開始用冰鎬挖雪坑自救，直到我和阿忠的夏爾巴找到他。

　　我們這次攀登沒有建 C4 營地，於是決定當天下午 6 點半直接從 C3 出發開始攻頂。

　　凌晨，我們這支隊伍受到正往下撤的其他隊的夏爾巴的影響，有一段走得很慢，甚至不得不偶爾短暫停留。我的腳凍得有些疼，途中不停地活動腳趾、跺腳，好像已經被凍傷了。在一個陡峭的崖壁我們又碰到正往下撤的一名登山者，Tashi 和我在前面讓路。聽到隊友阿忠與下撤者問話，才知他是從未謀面的饒劍鋒，當時就他一個人下撤。

　　阿忠問他：「你的夏爾巴呢？」

　　他說：「不知道哪兒去了。」

聽到我說話，他又問：「這是王總吧？」

我說：「我是王靜，你下山一定要小心。」

看到途中下撤的夏爾巴和獨自下撤攀登者的狀態，我們整支隊伍受到一些心理衝擊，擔心到頂峰的途中遇到風險。這次從 7400 公尺的 C3 到頂峰的路上沒有提前修路，路上只會偶爾看到以前攀登者留下的破舊繩子。從 C4 上面岩石區到頂峰的路上，都是陡峭的岩石。

進入攀登難度很大又沒有路繩的地方，我們通常會和各自的夏爾巴結組。阿忠和他的夏爾巴 Angdu 體能都很好，開始時他們一直走前面開路。後來 Angdu 的氧氣面罩出現了問題，不能正常吸氧，體能受到了影響。於是我和 Tashi 開始在前面開路。在最危險的區域，我和 Tashi 開始結組攀登。在陡峭的岩壁上我們只有一個目標，就是踩穩腳下每一步。好不容易，我和 Tashi 到達了開闊的「山頂」。

我以為到頂了，不料，Tashi 用手裡的冰鎬指著前方。仔細觀察後發現，那才是真正的頂峰。登頂需要走過一段平緩雪坡，再走一小段刀鋒般的橫切山脊，然後是幾十公尺非常陡峭的岩石冰雪混合峭壁。這一段橫切太可怕了，因為橫切刀鋒部分兩面都是懸崖，頂端全是暗雪，踩上去雪就會深深下沉，心裡沒有底，這一段路途讓人出了一身冷汗，也是登頂前最危險的一段。

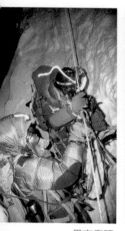  

黑夜衝頂。　　　　　　　　隊友張梁馬上就到頂峰了。

　　Tashi 轉頭向我示意他先上，我倆的結組繩大約就十幾公尺
的距離，他每一步移動都用冰鎬固定，然後抓住以前攀登者遺
留下的舊繩，小心翼翼攀上通往頂峰中間的懸崖處站穩，示意
我上去。我試了試，眼前陡峭堅硬的雪區，並不是那麼容易攀
穩。我心裡緊張，怕萬一一步沒有踩穩，Tashi 也會隨著繩子的
帶動一起墜入懸崖。我望著 Tashi 搖搖頭，表示不行。他看出
了我的擔心，趕緊解下腰間的結組繩打了一個結，套在冰鎬上，
插入雪中，示意我可以攀爬了。我剛嘗試性地微微用力，冰鎬
就突然被拔起來了！天哪，當時我的心都快蹦出來了！如果剛
才用力過猛，冰鎬從雪地裡拔起，我就會墜入懸崖。我趕緊穩
定情緒，這時 Tashi 狠狠地把冰鎬往雪地裡插，然後用雙手用
力按住冰鎬的上端，點頭讓我再上。這時我又試著輕輕帶著繩
子，主要的力量還是分布在以前殘留繩子和腳踩陡峭的懸崖雪

馬卡魯登頂。

壁上。這是我第一次感到如此強烈的害怕，很難想像，Tashi 剛才先上來時的心情是怎樣的。

終於，我和 Tashi 到達了頂峰。

頂峰雪崖上飄著前一支隊伍留下的兩束經幡，我們相互拍了登頂照片，然後又拍攝了一段視頻。朝遠望，周圍是不知名的群山；俯瞰去，山下有種懸空的虛無；轉頭看，是我和 Tashi 攜手走過的山脊上的腳印。這是我攀登的六座 8000 公尺級山峰中最難的一座。所幸，我們還平安。

這也是我在頂峰停留時間最短的一座山，不到十分鐘後，我們就開始下撤，因為早一分鐘下山就減少一分鐘危險。下撤到橫切雪崖處，遇到了阿忠，他的夏爾巴 Angdu 還在他的後面，他的氧氣面罩一直沒有修好，最後的登頂過程一直沒有辦法吸氧，Angdu 最終是無氧登頂了 8463 公尺的馬卡魯，證明了他的

能力和毅力的確超強。我和阿忠簡單交流了一下登頂的情況，相互叮囑了注意安全後就繼續下撤。這時，又看到遠處張梁和他的夏爾巴也上到了前鋒，走過了危險的刀鋒山脊。我和 Tashi 坐下來喝水，快速補充了一點食物繼續下山。

張梁和他的夏爾巴也上來了，我告訴他距離真正的頂峰已經不太遠了，應該一個多小時可以到達。想起昨天張梁被困在 C3 營地下面挖雪坑避風雪的危險，我叮囑張梁：「不管怎樣，一定要安全回來。」他回答：「放心吧，安全永遠放在第一位。」

萬萬沒想到，他和阿忠在下撤中卻差點丟了命。

下撤途中，為了保證安全下山，我和夏爾巴 Tashi 幾乎沒有拍攝，我們竭盡全力快速回到了 C3 營地。這時是中午 13 點 50 分，從 8463 公尺的頂峰回到 7400 公尺 C3 營地，一共只用了 3 小時 50 分鐘。

一直守營的夏爾巴 Jinjin 已經燒好熱水迎接我們安全登頂回來，接過熱呼呼的水，心裡也很溫暖。這時，風力越來越大，帳篷被風吹打得劈里啪啦。下午 3 點多，我們多次通過對講機聯繫隊友，但一直聯繫不上，我心裡有些不安。

下午 4 點多，阿忠的夏爾巴 Angdu 一個人回到了營地。我奇怪：阿忠去哪兒了？他也說不清楚。看到夏爾巴沮喪無奈疲憊不堪的樣子，一種強烈的不祥之感湧上心頭：難道是阿忠滑

墜遇難或者受傷不能自理危及到夏爾巴的生命，自保意識迫使 Angdu 獨自回到營地？我焦急地問 Tashi 該怎麼辦。Tashi 疲憊不堪地應道：「這麼壞的天氣，只能在帳篷裡等。」

我更沒有能力和勇氣走出帳篷找人。每個人登頂回來都已疲憊不堪，體力透支。從 10 日一早開始攀登到現在，已經過去三十幾個小時，體能都處於透支狀態。通常夏爾巴都會和自己的隊員在一起攀登，陪隊員下山也是他們的職責和義務。Angdu 現在說不清阿忠在哪裡，張梁和他的夏爾巴也沒有下落。我害怕極了，生怕就這樣失去兩位隊友。

又過了一段時間，好不容易聯繫上了張梁的夏爾巴，張梁也和我通過對講機通了話。

「急死人了，你們現在到哪兒了？還需要多久到達 C3？」

「我已經沒有方向感了，不知道自己的位置在哪裡。」

「能看見營地嗎？」

「不能，但是已經下了最陡峭的岩石區，目前走得很慢……」

「喂——喂——喂……」

在呼呼的風聲中，我們斷了通話。

我計算了一下，我從頂峰下撤到 C3，一共用了將近四小時，而此時我已經回到營地五小時了。想不通他們下撤為什麼

風雪中的雪山黑夜讓人恐懼。

遇險回來的張梁，似乎已經看不出生死。

這麼慢？他們目前還看不到營地，說明他們距離營地還有較長的距離，還需要一段時間才能撤到 C3。但終於知道他目前還活著，至少讓我一直懸在嗓子眼的心稍稍歸位了一些。

天漸漸暗了下來，風雪中的黑夜更是讓人恐懼。2007 年攀登第一座 8000 公尺雪山卓奧友遭遇雪崩、12 級風時，我在黑夜裡感受過死亡逼近的恐懼。阿忠的夏爾巴在營地也很著急，我不知道為什麼他們走散了，心裡一會兒浮現出阿忠滑墜遇難的情景，一會兒又浮現出他掙扎需要救助的場面。當時我已經沒有理智思考請求夏爾巴出去尋找是否正確，因為在高海拔的風雪中找人很危險，尋找者的生命一樣得不到保障，通常都會等到風雪停止或者減小一些才會去尋找，這樣可以降低尋找者的風險。但天很快就黑了，再不找就沒有時間了。我含著眼淚開始請求 Angdu 去尋找阿忠，一直在 C3 守營的夏爾巴 JinJin 雖然沒有另外兩名夏爾巴的登山經驗，但目前他體能應該最好，

也最熟悉 C3 周圍的環境。

　　在我的請求下，Angdu 和 JingJing 戴上頭燈和準備的一些熱水和食物出發了，我要求他們必須打開對講機隨時和我們保持溝通。

　　可是，張梁和他的夏爾巴現在又到底在哪裡？這也讓我感到害怕。Tashi 又燒了一些開水遞給我喝，多餘的留下備用，三十幾個小時沒有睡覺，我已經精疲力竭、狼狽不堪。

　　夜裡 10 點半，阿忠和兩個夏爾巴一起先回來了。我從暈睡中迷糊著醒來，夢遊般地出去迎接，在風雪中抱著阿忠沉默無語了許久，心裡一直在想：「真的是他回來了嗎？」等我清醒確認後，眼淚瞬間就流了下來，我在恐慌中久久不敢相信這是真的。

　　後來，阿忠在他的日記裡這樣描述他的經歷：

　　在休息期間我往四周看，遠處的山峰上的岩石都站滿了人，好像是在電影片段裡看到的起義軍的情景，我知道我出現幻覺了。在等了差不多一個小時，有好幾次差點睡著了，我怕這樣下去不是睡著就會凍傷，這是很危險的，所以往回看剛下撤時的那段岩壁有沒有發現我的嚮導，但同樣出現了幻覺，看到了之前的那一幕，滿山都是人，根本上分不清真假，於是我再往

下看走過的那段雪坡，最後還是沒有發現我的夏爾巴。那時我覺得很無助，如果再等下去，夏爾巴還是沒到，在8000公尺的高度，氧氣沒了，隨時會睡著和凍傷，但如果下去又怕路上沒氧氣了，夏爾巴不在，同樣會發生危險。後來真的怕等下去走不動了或者睡著了，我還是選擇了自己慢慢下撤。

在下撤到7900公尺的時候，我發現了昨晚登頂的時候我們留在這裡的兩罐半瓶的氧氣，我拿了一瓶換上，把用完的那瓶換下來，接著往下撤。當下到一個冰壁後，我突然發現眼前的一切很陌生，可能是這段路是晚上經過的原因，因此不熟悉，同時因為缺氧造成了出現幻覺，沿著路繩往下走，看到兩邊放著一些雕塑，好像遊樂園一樣，我想，怎麼山民會把生意做到這上面來了？後來一直走到路繩的盡頭，接著往下走，本來應該在這路段的中間往左橫切的，但沒有路繩沒有路旗，所以我只好往山坡的最下方走去。

這時接近太陽下山的時分了，高空風從西邊的珠峰吹過來，地面的雪被吹像月球表面的形狀，通過雪鏡看到太陽西下的光影像是進入了一個夢幻世界，我發覺我這時候有點飄然的感覺。我以為我在換氧氣後下撤時滑墜遇難了，所以一切都感到陌生和虛幻，以為我的靈魂活在異度空間。我一邊走一邊向周圍尋找3號營地的帳篷，但始終找不到，最後我以為我們的隊伍撤

營了，難道他們等不到和找不到我，以為我遇難了，所以就撤營了？

　　我試圖想證明自己還活著，用手擰自己的皮膚感覺會疼，摸自己的心臟還會跳，這就證明了我還是活著。我拿出衛星電話，看到電話裡顯示的時間是 5 月 11 日登頂的那一天，電話裡還有我中午登頂時在頂峰打出的兩個家人的電話號碼。我想打電話求救，但電話一下就自動關機了。想要重新開機必須要拔出電池再裝上才能開機，這樣的周折在當時的狀態下是一件很艱難的事情，而且想了一下打給誰才能救我。登山隊衛星電話一般處於關機狀態，而且我也沒有他們號碼；身上也沒有尼泊爾連絡人的電話；打回深圳的連絡人也不一定聯繫到尼泊爾相關人員，即使聯繫上了，直升機在下午這個時候也上不來，而且是在 7000 多公尺的高度，如果來到了我也支撐不了那麼長時間，於是我就打消了這種想法。我想還是自己自救為上，我下到了 7350 公尺的山溝的雪原上。當時我還是清楚自己所處的方位，右邊是去中國境內的西藏，但很遙遠，沒有路線，走不通，只能想想，左邊方向是回到馬卡魯的登山線路，所以我選擇是走左邊。我在山溝裡沿著我們上來 3 號營地的方向緩慢地走去，一路上看到遠處有很多工人在採礦，當走到那裡時就消失了，我知道是幻覺。各種各樣的幻覺一路上層出不窮，有好幾次看

到好像是我們的營地，但走過去又看不到了。

在尋找營地的一路上，我想了很多問題，不會就這樣死了吧，家人怎麼辦？還有很多活動賽事等著我回去組織策劃，我還有很多登山計畫沒完成等等，但這時自己真的感覺很無助，不知自己到底是死了還是活著，總覺得活在生和死之間，以為自己的魂魄以後每天都像現在那樣背著包拿著冰鎬滿山去找營地，我想真的是這樣倒不如跳到懸崖死得徹底點。

這時候太陽快要下山了，我也感覺到有點累了，想找個地方躲一躲避避風。我在附近找到了一個塌下去的帳篷，走過去一看是破的擋不了風，後來看到旁邊有一個雪堆，上面放了很多經幡，我以為是前輩的遺體。我走上前去靠著雪堆坐下來，心裡還念著：老兄，今晚我就陪著你了。我面對著馬卡魯的主峰坐著，太陽漸漸下山了，夕陽像黃金一樣灑在馬卡魯身上，顯得很美，但這時我正處於絕望的境地。因為經過二十多個小時的連續攀登和下撤，基本上沒吃沒喝，好在下撤時換上的半瓶氧氣還有少量，否則就支持不下去了。在這個時候我沒得選擇，只好靜靜地躺在雪堆邊上，累了就睡吧！等到天亮醒來還活著再算吧！但如果還能醒來那就證明我已遇難了，醒來的是靈魂，因為在這種情況下基本上是沒有活著的機會。

這時我覺得有種恐懼，時不時有雙眼睛看著我躺在雪地上

的樣子和散落在邊上的背包，想起了我們在登山途中看到過的遇難山友的情景，於是我突然有了一種強烈的求生欲望。隨後，我就站起來活動身體，讓自己打起精神，絕不能睡著，不能那麼輕易地放棄，大家都等著我回去。

天慢慢暗下來了，繁星開始出來活動了，我看到的星星像是孔明燈那麼大，像是在召喚我。在這時，突然看到有兩盞燈在前方的雪坡上閃動，我想，難道是別的登山隊員嗎？我立刻振作起來，想打開頭燈示意，可惜頭燈的電在早上衝頂前就用完了，因為天黑電池放在包裡拿不到，後來我想到用照相機的閃光燈對著燈光走動的方向閃了兩下，同時脫開氧氣面罩向著同一方向大聲喊了兩句：Help me! Help me! 這時我只想找個可以藏身的地方躲一躲，能夠度過這個寒冷的夜晚就有希望了。但對方往這一邊看了一下就沒有反應了，可能是閃光燈閃的時間太短了，他們覺察到之後就沒了，以為是錯覺，而且我的喊聲在高空風中是無濟於事，根本聽不到⋯⋯

⋯⋯又過了不知多久，還是剛才一樣的兩個燈光出現，我沒管他們。就在這時，一個期待已久的，好像以後永遠也不可能聽到的還是用尼泊爾口音呼叫的「阿忠」回蕩在馬卡魯的高空中。這一刻，就像有人把我的靈魂從靈界裡拉了出來，回到了人間，令我找到了一種實實在在的感覺，我還活著！我立

刻坐起來,用盡了全身的力氣回應著他們,他們的燈光往我這邊照了過來,我不停地回應著,生怕他們聽不到。因為我已經走不動了,否則,我肯定會用盡全力往雪坡遠方的燈光撲過去。他們聽到我的叫聲了,他們往我這邊走過來了,我站在那等著他們。我們隊伍的兩個夏爾巴走到我的身邊,我的夏爾巴 Angdu 連忙和我說:「I'm sorry.」在這時候是我應該感激他們,是他們把我救了。

…………

原來,阿忠下撤時,由於半路橫切的位置沒有路繩和路旗作為引導,而他的夏爾巴又在後面,在該橫切的地方他沒有橫切而是走過了頭,一直走到山溝,而營地就在山溝朝向主峰方向的一個雪坡平臺上面,所以他一直都看不到帳篷。

剛認識幾天的阿忠終於回來了,而一起和我登頂過希夏邦馬和洛子峰的張梁還沒有回來。正在思索怎樣營救時,突然看到了遠處隱約有亮光。但開始不太確定是否是張梁他們,慢慢發現越來越近,就是張梁和他的夏爾巴回來了!夏爾巴趕緊帶著熱水去迎接。

夏爾巴把張梁扶到帳篷門口,他像具「僵屍」一樣倒下來,一直說:「冷、冷……」他全身上下都是冰雪,眉毛和眼睫毛上都是,臉色發紫。但嘴裡說出的第一句完整的話竟然是:「靜

靜，能給我拍一張照片嗎？」當時看到他奄奄一息的狀態，我急得都快哭出聲了。可他這句話一出口，我破涕為笑，眼淚與笑聲混在一起了。這個時候還想著拍照，真不知是他出現幻覺想要留下遺照，還是滿懷革命的樂觀精神要把這慘兮兮的樣子拍下來做紀念。

張梁回來時沒有戴羽絨手套，只剩一層薄薄的抓絨手套。我的第一反應是他的手一定凍傷了，他躺著也一直在說：「手，手，我的手……」我小心翼翼替他脫掉手套，仔細檢查了一遍，從外表上還看不出凍傷的痕跡。此時他冰冷的手指已經感覺不到一絲熱氣，我急忙打開我的羽絨服把他的手放進去替他暖手。

「腳是不是凍傷了？」

「腳應該沒事。」

「要不要替你脫掉高山靴把腳放在睡袋裡？」

「不要，不要……」

「我的胃很難受。」

他說話又慢又輕，看著他難受的樣子，我著急得不知道下一步該怎麼辦才好。

Tashi 遞來熱水讓他喝了一些，希望他的身體能儘快暖和起來。

截至此時，我們在 7400 多公尺以上的高海拔高度已經折騰了四十多個小時，所有的人都已經體力嚴重透支。但不管怎樣，

大家都已平安回到了營地，我一直擔憂恐懼的心也落了下來。

　　我幫張梁把睡袋套上，我的睡袋一半也蓋在他身上為他保暖。這個夜裡我一直擔心，如果張梁失溫，他將有生命危險。從前天夜裡開始攻頂到現在凌晨 2 點，高海拔缺氧加之擔驚受怕，我幾乎沒有睡覺。此時眼皮沉得再也無法打開了，我穿著連體羽絨服半搭著睡袋，在冰冷的帳篷裡迷迷糊糊地睡去了。

　　第二天早上，阿忠狀態很好，張梁也緩過來了。天一亮我們就開始準備下撤，當天天黑之前安全下撤到了 ABC 前進本營。13 日我們就飛回了加德滿都。當地時間 14 日晚 7 點，尼泊爾登山協會為我們三位隊員舉辦了新聞發布會，登山協會領導也表示中尼兩國的民間友好攀登還應廣泛開展，並獻上串串鮮花向張梁、阿忠、我三位隊員成功登頂馬卡魯表示祝賀。由於我的膚色沒有任何變化，他們開玩笑說，「你是不是根本沒去登山，只是在尼泊爾轉了幾天吧？」

　　第一次接受幾十串花環，壓得脖子都有些酸了。伴著花香，我不經意低頭去欣賞花串，期待串串鮮花為此次馬卡魯驚險而短暫的六天攀登畫上完美的句號。突然發現，一條肉色的軟軟花蟲在脖子下方正往上爬！我頓時瞪大了眼睛，又不好意思叫喊，只好屏住呼吸，用指頭狠勁把蟲子彈了出去，這次驚嚇好像是馬卡魯攀登的最後餘震。

尼泊爾登山協會為我們舉辦的登頂慶功新聞發布會上的合影。

海拔 8051 公尺
攀登紀錄
2012 年 1 月 31 日 10:15（巴基斯坦時間）登頂

布洛阿特峰，在喬戈裡峰東南十二公里處，海拔 8051 公尺，位於北緯
35° 8'，東經 6° 6'。是喀喇崑崙山的第三高峰，也是世界上名列第十二位
的高峰。山勢巍峨，常年覆蓋著冰雪。

永不言棄
2012 布洛阿特

「終於到達頂峰了！」當我說出這句話時，突然有些無名的委屈，臉上雖然
一直掛著笑容，卻像三歲的孩子一樣，笑著對著 Tashi 的鏡頭說：「想念爸爸、
媽媽、Cady、Judy，還有 Dad。」此時已經無法用語言來表達登頂時的激動，
眼睛裡含滿了淚水，這種感受在過去所有的攀登中從來沒有過

馬卡魯歸來，我又開始了新的計畫，想去巴基斯坦攀登布洛阿特峰。

我開始向羅塞爾諮詢可以實施的方案，找到巴基斯坦登山協會主席 Nazir Sabir 運營的一家登山公司做後勤保障，據說這也是當地最好的一家登山服務公司。

6 月 25 日，到達伊斯蘭馬巴德，當地天氣非常熱，氣溫超過攝氏 40 度。到達的第一件事，是找 Nazir Sabir 探討去布洛阿特的事。他的公司 Alpine Club of Pakistan，是巴基斯坦最有名的登山俱樂部，Nazir Sabir 先生曾於 1999 年登頂 K2，是巴基斯坦一位有著崇高聲望的登山家。

但是在與 Nazir Sabir 的溝通過程中才知道，他的公司目前很多專業登山裝備都沒有配備。最基本的攀登裝備，如對講機、攀登路繩、冰錐等，都需要到當地現買。慶幸的是，我已經從北京帶了高山帳篷、連體羽絨服，都是自己試用過多次的產品。我這才意識到，這裡的登山組織條件與其他國家和地區的商業登山探險公司差別太大。之前參加的探險公司，幾乎所有的事項組織方都會安排規劃好，自己只需要聽從組織安排，適應訓練和照顧好自己，什麼時間該幹什麼組織方都已經規劃好了，不用自己操心。雖然來巴基斯坦之前，我已經做了很多功課，但怎麼也沒想到，當地的登山服務公司條件如此簡陋，這也著

實讓我對這次攀登感到擔憂。

當地規定，每一支探險隊伍必須配備一名當地軍方的聯絡官，我們這支隊伍的聯絡官是來自空軍的 Liaison Officer，聯絡官的到隊時間不確定，我們需要在伊斯蘭馬巴德等待。

等待期間，Nazir Sabir「八卦」起當年與萊因霍爾德·梅斯納爾（Reinhold Messner）的攀登故事。梅斯納爾，1944 年 9 月 17 日出生在義大利南蒂羅爾的山區，在登山界被稱為登山皇帝，是當代最偉大的登山家之一。1978 年他和他的同伴彼得·哈比勒完成了人類歷史上首次無氧攀登珠穆朗瑪峰的壯舉。他是第一個完成世界上全部十四座 8000 公尺山峰的人，而且全部是無氧攀登。但這位傳奇英雄被當年與他攀登 K2 的協作 Nazir Sabir 玩笑般地描述成了一位「暴君」。Nazir Sabir 講起當年他和梅斯納爾在 K2 攀登時的故事：在 7000 多公尺處，有一名攀登者被凍僵在山上，當時 Nazir Sabir 的鞋非常不舒適，保溫也有問題，梅斯納爾就叫他去把那位早已沒有呼吸的登山者的鞋脫下來換給自己穿，還讓他把此人的遺體扔下山去，但 Nazir Sabir 沒有這樣做。登頂後下山時他們走錯了路，錯過了下山時應該橫切的位置，繼續往山下走了 100 公尺時才發現錯了，然後又往上攀爬回去，登頂後大家體力都非常差，遇到這樣的事更是痛苦不堪。當又回到遺體的位置時，梅斯納爾又很氣憤地

讓他把遇難者的遺體扔下山去，但 Nazir Sabir 仍然沒有這樣做。

這是我第一次親耳聽見一位親歷者講述梅斯納爾的攀登故事，以前只是從一些報導中看到過關於他的一些描述，說他是一位脾氣很大的登山家。脾氣溫和的 Nasir Sabir 解釋說，他當時的角色就和我現在的夏爾巴 Tashi 差不多，想的是盡可能完成自己的職責堅守自己的底線。夏爾巴和攀登者之間的關係，足可以寫一本書，攀登 8000 公尺以上山峰，一個人的雙腳時刻踏在生死之間，這個時候，是夏爾巴和攀登者生死一線牽，這期間即可能誕生最偉大的情誼，也可能考驗出赤裸裸的人際關係。

Tashi 曾經和我講過，帶客戶登珠峰是目前攀登其他 8000 公尺級山峰中一項相對成熟安全的掙錢工作。攀登其他的 8000 公尺級山峰對於他們風險更大。他在攀登馬卡魯後向我表示，如果我想去攀登下一座 8000 公尺級山峰，他希望和我一起去完成。我想，一定是我們攀登馬卡魯時的默契配合，給了他更大的信心去完成攀登更多更難的山。按照慣例，在攀登時選擇夏爾巴，一般都會選擇曾經攀登過這座山的有經驗的夏爾巴帶路，但這次攀登布洛阿特時，我依然選擇了從來沒有來過巴基斯坦的 Tashi。雖然他從未攀登過此山，也很年輕，但我能明顯感覺到他的攀登能力在不斷提高，對攀登的判斷和理解日益成熟，我和他之間很容易達成共識。他是一個很有上進心的夏爾巴，

學習能力很強，對新事物接受得很快。當我們問起 Tashi 和 Angdu 在 2014 年 5 月份一起攀登馬卡魯的感受時，Tashi 說那是他最害怕的一次攀登，在最後頂峰那段路程真的很害怕。那段陡峭而堅滑的雪岩會合地段，他當時上去時擔心自己無法下山。我和 Tashi 兩人結組攀爬頂峰路線，彼此心裡都非常清楚，只要我和他其中有一人滑落，兩人就會同歸於盡。我問 Tashi：「你當時也很害怕，為什麼還決定一起登頂？」Tashi 表情有些嚴肅地回答：「你是不是也想登頂？」現在想起來，那段似乎懸在空中的路線，如果不是靠勇氣和信念才爬到頂峰，還能是什麼？我要感謝夏爾巴 Tashi 和那些職業的登山協作，我攀登的所有 8000 公尺級雪山，都離不開這些嚮導和協作的幫助，是他們成就了攀登者一座又一座山的攀登夢。

　　布洛阿特和馬卡魯的攀登方式和我以前攀登過的山有所不同，所有的決定不再是由組織方做出，而是由攀登隊員、夏爾巴和當地高山嚮導一起來商定。攀登馬卡魯時，雖然需要隊員們自己商量做決定，但至少物資還不用操心。但這一次攀登布洛阿特，從採購裝備到計畫登頂，從分析天氣到協調關係等，一切都需要自己安排。當我們與協作的意見有分歧時，最終需要我們自己做決定。

　　這次攀登布洛阿特的成員有：張梁、我、兩名夏爾巴和三

名當地高山嚮導。和我一起從北京出發的還有陳亮（Enzo），他喜歡徒步、攀岩，也有過 5000 多公尺的攀登經驗。他英語很好，還會德語，在巴基斯坦工作過四年，對當地的情況非常熟悉，這次他的任務是做翻譯和外事聯絡協調。

　　巴基斯坦人很熱情，但時間觀念薄弱，答應的事情時常不能在規定時間內辦到。我們等了三天還是無法確定由伊斯蘭馬巴德飛 Skardu 的時間，也不知道下一個航班是否能有我們的位置。最後決定坐汽車走陸路。走陸路雖然很辛苦，但時間上更有保障，不然剩餘的攀登時間會越來越短。

　　當地組織方協調到了一輛中巴車。伊斯蘭馬巴德到 Skardu 距離近七百公里，路況不是太好，需要準備兩天的汽油。這幾天室外溫度一直超過攝氏 40 度，讓人很擔心汽油在途中是否安全。可地接公司蠻不在乎地說沒事，他們有經驗。途中，車的空調又壞了，到下一個村子準備修車時聽說，兩個多月前，這裡殺死了十個過路人。此前張梁說，網上報導，塔利班殺死了十八個巴基斯坦的士兵，而且把頭給砍下來放在白布上，通過視頻傳播。看到當地人神情迥異地看著我們，讓人心裡有些發毛。

　　去往 Skardu 的路上都是持槍的員警，一路上也看不到成年女性，讓我心裡很不自在。當中巴車通過了中巴友誼橋後，一位士兵上了我們的車，原因是最近巴基斯坦的局勢非常不穩

巴基斯坦背夫生活。

定，路邊的山裡也會出現塔利班的人。晚上，車又壞在路上，路邊無所事事的當地男人好奇地盯著我。開始我還大膽地下車拍攝，可一聽到這裡剛出過事，趕緊回到了四十幾度悶熱的車裡。Enzo 提醒我再把防曬外套拉鍊拉高一點，後來我才明白他的意思，這邊的女性都包裹得嚴嚴實實，我梳著兩個小辮的女性特徵實在太惹眼，我趕緊把拉鍊一直拉到了下巴底下。

　　白天四十幾度的高溫，空調還一直不能工作，從早上 5 點一直折騰到晚上 9 點多才入住坐落在 Chilas 城鎮的一個旅店，叫香格里拉，很自然、很特別，一切給人原生態的感覺。旅店雖然沒有空調，但設計合理並不覺得太熱。原來，這家旅店有一套設計巧妙的製冷裝置。從屋裡看，就是鑲嵌在牆裡的普通電扇，如果仔細觀察會發現，牆外有一個被樹蔭隱藏起來的水箱，水箱的中下部是稻草和冰涼的水，水被稻草管虹吸到上方，變成水汽後，通過電扇把冰涼的水汽吹到房間。牆體是用很厚的泥巴和石頭建築而成，足足有七、八十公分厚，隔熱保溫。水箱附近的院子裡還種植了很多花草。工作人員還不停地在裸露的走廊上澆水降溫，地面的石塊和水泥地也沖洗得很乾淨，讓旅店始終保持著自然的低溫狀態。旅店的下方是一條很渾濁的河流，再對面就是碎石山坡，山上什麼也沒有。在這樣一個荒漠的地方，坐落著這樣一家世外桃源般的原始旅店，真讓人

感覺親切舒適，好想在這裡多住幾天。

　　這裡的旅店服務生見不到女性，因為成年女子結婚後都在家生孩子，幾乎從不出門。聽當地人說，幾年前本地發生過歐洲女性來旅行時被強暴的事。我前半夜一直不敢關燈睡覺。

　　早上起床後嗓子疼，鼻子也不通暢，是明顯的熱感冒症狀。巴方的空軍聯絡官 Liaison 也連夜趕來與我們會合同行，他的到來讓我們覺得安全些。我們一起出發前往 Skardu。

　　Skardu 是可以採購到登山用品最全的城市。到達的第二天一早，我們就開始與當地的組織方人員一起採購登山物資，包括：氧氣、路繩、結組繩、冰錐、岩錐、雪釘、爐頭、氣罐等等。有意思的是，去買登山裝備時，發現店裡居然有探路者的眼鏡和爐具。讓店主拿出來仔細地看，其中一款眼鏡是探路者的常規產品，爐具應該不是正品。問店主產品是通過什麼管道進貨的，他也說不清楚。最後還缺三個爐頭，只能到大本營與其他隊伍協調。我們提議給當地協作準備最後一站的吸氧氧氣，當地的三個高山嚮導對了一下眼神，都笑著搖頭說他們從不吸氧。這倒是給了我們更多的攀登信心，考慮到攀登安全，最後決定還是給每人至少準備一瓶氧氣備用。

　　僅用了一天時間，我們就補齊了所缺的裝備。接下來換乘吉普車又走了兩天，然後是徒步五天進到大本營。這段行程絕

布洛阿特大本營整理裝備。

不輕鬆，大約每天 6 到 10 小時在路上，身邊沒有一丁點綠色，全是在高溫暴曬的石山中行走。7 月 3 日第一天徒步，Enzo 的膝蓋就扭傷了。他測量到的空氣溫度高達攝氏 48 度，所有人到達營地後都疲憊不堪，營地只有幾棵小樹和兩張破舊的椅子，大家只能搬來石頭當板凳。一直等到下午 4 點才搭建好帳篷，因為無法遮擋陽光，太陽直曬著帳篷，帳篷裡就像蒸籠一樣，根本無法進入休息。直到下午 5 點多太陽才慢慢落下，終於可以鑽進帳篷平躺一會兒。為了盡可能避開太陽最毒曬的時間，我們通常 4 點半起床，5 點半出發。我一直流清鼻涕，看來這次是抗不過去了。

　　這樣的天氣和暴熱的沙漠天氣沒有什麼兩樣，這些天氣溫從沒低於攝氏 40 度，河谷裡幾乎全是裸露的岩石，每天在高溫下高強度地行走真是要命。難怪有人說能徒步進到大本營就很不簡單了。Enzo 膝蓋受傷走得非常慢，後來不得不騎馬前行。

我一直低燒，噴嚏連天，感覺應該是中暑了。張梁和我的雙腳都已經磨出了泡。

當地廚師和背夫也非常辛苦。由於氣溫太高，進山的徒步時間長達一週，鮮肉類食品無法保鮮，所以我們還趕了三頭羊和幾隻活雞上山。兩個夏爾巴沒有什麼反應，看起來狀態很好。當地的背夫吃得差，組織方也沒有準備他們的帳篷，當地所有隊伍的背夫都是如此待遇，看起來有些不忍心，但他們精神面貌還很好，個個都是笑臉相迎。

生病時特別想家。躺在帳篷裡聽《雲朵》那首歌，被歌聲感動得熱淚盈眶，思緒也隨之飄向遠方……這次出門前，只和父母說是去巴基斯坦出差，順便爬一座小山，並沒有任何危險，因為進山徒步的時間長，所以需要一個多月才能回京。這些年我登山，因為怕家人為此擔心，安排進山計畫、商討攀登細節時，我都儘量避開家人，不讓他們知道。電視裡播放採訪我登山的節目或者節目中有播放我的攀登視頻時，我都故意找藉口把家人支出去，不讓他們看到。

在路上已經碰到兩支隊伍沒有登頂無功而返，其中一支攀登 G4 的隊伍裡有一名登山者遇到雪崩摔斷了腿。至今還沒有聽到一個好消息，我預感，我們這次攀登可能也不會那麼容易。

7 月 8 日，終於到達海拔 4900 公尺的 BC 大本營，第一

件事就是打衛星電話向國內查詢天氣，得知 12 日會是一個極好的登頂日，接下來馬上組織大家開會，商討這個視窗期的登頂計畫。大家達成一致意見，計畫 10 日早上出發到達 6300 公尺 C2 營地，11 日到達 7300 公尺 C3 營地，12 日衝頂。這個計畫確實大膽了些，對於每個協作人員都是非常大的挑戰，但是他們說登山從來不吸氧和一路強悍的狀態，讓後勤保障有了信心。這個方案是和夏爾巴、當地嚮導開會討論後制定的，大家都認為可行，每個人都信心十足地做好了登頂前的準備。這樣的決定讓我們只有一天的準備期，9 日清點所有的物資和規劃運輸分配，第一段到 C2 的運輸，包括帳篷、睡袋、氧氣、爐具、食品等等，當地的三名高山嚮導表示，每人的背負重量在二十五公斤，從 C2 到 C3 營地應該可以減輕到十五到二十公斤。

　　我遇上了一件麻煩事兒，9 日夜裡，我來例假了。在攀登高海拔雪山時，絕大多數女性隊員都會隨身攜帶自己的私房藥：黃體酮，在例假來臨前一段時間就會吃藥以便推遲例假。因為，登頂期間路程很長，每個人都繫著安全帶，女性需要解下身上的安全帶才能上廁所，如果再增加額外動作，就大大增加了攀登難度。相比吃藥推遲生理期，我更願意尊重自然規律。所以，出發前，來例假的事我沒有告訴任何人，以免影響整個隊伍的攀登計畫。

　　到達 C2 發現，營地建在一個很陡的碎石坡上，搭建帳篷特別費勁，石頭壘了一半又滑了下去，而且有一邊是碎石頭壘成的，如果用力就可能塌陷下去。晚上睡覺得靠在山體這邊，睡得不是太好。到達 C3 用了十小時，這也是我們預計的最晚時間，開始搭建帳篷、燒水、做飯，準備檢查氧氣，等收拾完裝備，臨計畫的出發時間還不到兩小時了，我只好趕緊躺下休息一會兒。

　　即將出發前，發生了變故：當地以前登頂過這座山的協作，英語最好的高山嚮導瓦哈布，說身體不舒服，不能和我們一起衝頂了。沒辦法，新的計畫變為：本來計畫待在 C3 營地守營的法棻阿里和曾經登頂過布洛阿特的阿里穆薩同我們一起完成後面的頂峰攀登。瓦哈布留在 C3 守營。他們三人中法棻阿里英語最不好，在開會和整個行程中幾乎不說一句話，阿里穆薩最擅長表達。

　　出發兩小時後，當我們到達 7500 公尺高度時，意想不到的事發生了。

　　阿里穆薩不走了，說自己找不到路，後來又說自己身體不舒服。這時，隊伍中除了他去過頂峰，在黑夜中沒有一個人能準確判斷去往頂峰的路線。我們所有人在原地足足待了兩小時，這是非常可怕的事，黑夜的溫度大約可以到攝氏零下 20 度左

右，很容易被凍傷。還好當晚天氣非常好，沒有風雪，但第一次上山沒有人帶路，夏爾巴和我們都不敢貿然繼續攀登，阿里穆薩說他要返回，所有人的情緒都受到了很大影響——如果真不認識頂峰的路，他至少應該嘗試著找一找，但他並沒有帶領大家這樣做。大家也只好一起隨他返回。

返回的路上，來了兩個伊朗人，說認識頂峰的路，就是直著往上攀登就對。這時，平時幾乎不說話的法紮阿里留下和我們四人一起繼續攀登，我們五人和兩個伊朗人又開始往上爬，可是兩小時後遇到了冰區，冰區沒有路，只能繞道而行，因為從 C3 以後都沒有修路繩，遇到困難路線，大家只能和自己隊伍的人結組而行。這時我們才意識到，兩個伊朗人其實也不清楚路怎麼走才是正確的，他們有些洩氣，準備返回。我們五人不甘心，又從左邊繞道走了一段。黑夜裡大家心裡沒有底：這條路是否真的通向頂峰？

在攀登布洛阿特前，我在網上收集了一些相關資料，諮詢了一些朋友關於布洛阿特攀登的事，也列印了相關的照片和路線圖。這座山分前峰和真正的頂峰，之前曾經有好幾個攀登案例都是錯把前峰當成了頂峰。從圖片的視覺上看，站在前峰上感覺就是站到了這座山的最高峰，而實際上，最高峰還在後面，非常容易誤判。去往頂峰的路線看似清晰，事實上，如果沒有

走過雪區的路段，也非常容易走錯，因為在寬寬的雪區很難判斷哪兒是最安全的捷徑。

從晚上 10 點到現在，已經折騰了六小時，連續幾天高強度作戰，大家非常疲勞困倦，沒有一個人去過更高通往頂峰的路。找不到路就看不到希望，我們決定回 C3 營地。下來後分析，當時我們的位置已經接近馬鞍處，過了部分深雪區，也就是平時當地人形容為「游泳」的深雪區域，往上再堅持一個半小時，我們就可以看到更清晰的路線。但考慮到找路耽誤的時間和中午 12 點的衝頂關門時間，我們不得不折返，這是一個理智和安全的決定。高山嚮導可以有各種理由放棄帶領客戶攀登的責任，我們雖然不高興，但也沒有權利要求他們必須保證我們登頂。在沒有嚮導的情況下，如果我們堅持繼續登頂，有可能成功，但很可能遭遇不測。

因為天氣預報預計 12 日晚上會有大雪，我們返回 C3 營地後馬上又做出下一個決定：為避免雪中下撤遇到雪崩，我們決定當天不休息繼續下撤。下午 3 點多我們所有的人安全下撤到了 BC 營地。

在 BC 營地吃過晚飯後，我們所有成員開始開會，大家都沉默。我簡單地說了幾句，雖然我們心裡都知道，阿里穆薩沒有盡全力帶領大家尋路，待在營地說身體不好的瓦哈布也沒有

努力嘗試攀登，因為從下山的狀態看，他比誰都快。但在和大家的溝通中，我沒有表現出任何責怪的意思。我只希望搞清楚，作為帶路嚮導的他們，為什麼如此輕易放棄了登頂的機會？

在後來的溝通中我瞭解到，無論是否登頂，他們都是從當地組織方拿到同樣的工資，至今巴基斯坦也只出了一位被世人知道的登山家 Nasir Sabir，所以登頂對於他們並沒有那麼重要。8000 公尺以上的每一次攀登都性命攸關，所有的搭檔應該把真誠放在首位，其次才是能力。我怎麼也不會想到，他們就這樣輕易地放棄了近在眼前的登頂機會。事後事實證明，這也是一個難得的絕好的登頂視窗期。

後來我們又到隔壁臺灣隊和其他隊瞭解情況，才得知，以前很多攀登隊伍也遭遇過同樣的事情。在巴基斯坦工作過四年的 Enzo 說，一些巴基斯坦人做事沒有那麼大的衝勁，遇到困難時只會禱告「Insh'allah」，把什麼都寄託於神的保佑。當地協作輕易地放棄，也讓兩個夏爾巴有些不滿。夏爾巴和隊員們的心態是一樣的，希望每一座山都能順利登頂，然後安全返回。具體能否做到，取決於很多因素，但至少團隊成員應齊心協力努力去完成這件事。

登山是個系統工程，一個環節出現問題就會打亂整支隊伍的攀登計畫，所以攀登過程也是一個動態過程，需要隨時調整

計畫，做出新決定，我想，這也是很多企業管理者樂於參與攀登活動並享受其中樂趣的原因之一吧。我們開會討論，讓當地協作意識到，登頂是大家共同努力的目標。如果對每次的計畫有不同意見，可以在討論會中提出來，一旦目標定下了，就應同心協力去完成。

開完會和家人通了個電話，兩個女兒就要去美國參加夏令營了。接通電話時，發強剛帶兩個女兒剪完頭髮正在回家的路上，能常和孩子們在一起，也是平日忙碌工作的發強最開心的事，和孩子玩的時候，他有時候甚至有些放縱自己，經常忘了父親應該在孩子眼中樹立的地位與「高大」形象。出發前，我和家人一起去社區的地下廣場散步，看到一群老人們跳著舞，孩子們在嬉鬧，回家的路上，女兒們纏著爸爸要求背她們回去，如此溫馨的場面，每次一想到，眼淚總是會在眼睛裡打轉。有時候發強埋怨我出門太久，孩子們見不到媽媽，而且經常是在沒有信號的地方一待一個多月，無法隨時聯絡。家人能不為我擔心嗎？從家庭的角度考慮，我覺得自己多少有點自私。

家人的通話結束後，我又開始打電話給國內諮詢天氣情況。每次都把分析結果詳細記錄在我日記本手繪的表格裡，每天分為上午、下午、晚上三個時段，然後在不同的海拔高度和不同的時間段，記下預計的下雪量和風速，結合當時的氣象分析判

斷出最佳登頂的視窗期。今天得知 16、17、18 日將是一個不錯的視窗期。如果 17 日是最佳登頂視窗期,我們最晚將要在 15 日一早出發,這相當於剛攀登一座 7500 公尺左右的山之後,只休息了兩天三晚又要繼續準備攀登一座 8000 公尺。布洛阿特一共有四個營地,但我們只在其中兩個營地停留,每一個營地只停留一夜。即使正常攀登,每一站的強度都已經超負荷,更別提只休息兩天又要進行衝頂了。

　　我的腿部肌肉還在疼痛,不過已經比昨天剛下山的時候好了很多。我想讓大家先安心休息一晚,明天再一起討論一下今天得到的天氣資訊。第二天討論天氣的過程中,華仔告訴了我國內登山者嚴冬冬遇難的消息,這個消息令我吃驚。但我暫時沒有告訴任何人,怕影響到大家的情緒。

　　第二天會議決定,明天一早再次準備攻頂。17 日是最好的攻頂日,預計 18 日天氣開始變壞,晚上風速將達到每小時三十公里,一旦超過這個風速就不適合登頂,這是 Tashi 的經驗。下大雪會帶來更大的難度,沒有更好的選擇,大家需要全力以赴。我們分析,上次當地協作放棄的原因是因為害怕攀登中出現意外,他們曾有過差點掉入冰裂縫的遭遇,這也是我們平時經常可能遇到的問題,在前面探路時都需要有很好地識別暗冰裂縫的經驗和行走的技巧。斷裂的雪層一般都會被新雪覆蓋,

但有的慢慢會在表面形成一道痕跡。這時跨越裂縫需要用手杖、冰鎬或者用腳先試探性踩雪，以判斷雪層的硬度和裂縫的大小。雖然理論上是這樣，但當遇到眾多的冰裂縫，特別是沒暴露的冰裂縫時，其危險性就會大大增加，難免大家會擔心害怕。

　　最後大家達成了一致意見，確定了 17 日是這次攀登的登頂日，登頂時中午 12 點為返回的關門時間，這將是我們第二次嘗試登頂。

　　15 日早上雪量比較大，很多地方都在三十公分左右，相比上次，隊伍走得更慢一些，直到下午 4 點 30 分才到達 6500 公尺的 C2 營地。商定好第二天的出發時間是早上 6 點，但第二天早上風力有些大，當地的協作又犯老毛病了，不願意和我們一起往上走。還沒等大家達成一致意見，當地協作已經背上背包下撤了，望著他們下山的背影，我們真的是無奈。當時聽說，第二天會有另外一支國際隊伍上到 C2，要不我們就在這裡等一天，和另一支隊伍一起上？可是這支隊伍會在 C2 適應一天時間，我們的食物不夠，即使解決了食物的問題，我們的隊伍裡沒有一個認識通向頂峰路線的人。不管怎樣，先在 C2 待上一天再決定吧。

　　我明顯感覺到，當地的三名協作下撤後，隊伍的情緒受到了較大的波動。氣溫下降，得知 18、19 日的天氣也不是太好，

另一支隊伍也沒有繼續往上攀登的跡象。於是決定，17 日下撤到 BC。

回到 BC 營地，大家情緒都很不好，因為當時的狀況並不是遇到難以克服的困難，他們沒有等到我們做決定就自行下撤，所有的攀登者都表示不滿，兩位夏爾巴也一直沮喪得不說話，負責聯絡與協調當地事務的 Enzo 也一副無奈的樣子。我有些生氣，開始直接質問三位高山嚮導，為什麼會這樣？為什麼不和我們商量妥當就下撤？雖然早上風有些大，但這三天內總的天氣情況都是不錯的，高海拔天氣隨時波動的情況時常會發生，今天的困難是完全可以克服的，這種說不幹就不幹的做法是不負責任的。無奈的是，這就是目前巴基斯坦高山嚮導的正常工作態度。靠我們自己，現在依然不可能找到去往頂峰的路線，據上兩次的經驗，我估計 C3 到 C4 的深雪區積雪一定會超過五十公分，而且今年沒有任何一支隊伍有提前修路的能力，就靠我們一支隊伍開路是件相當困難的事情，體能消耗也會巨大，隨之帶來的風險會急劇加大。我想當地嚮導也知道，沒有他們參與，我們很難完成這次攀登，所以撂起挑子來沒商量。

可是，在這節骨眼兒上，該怎麼辦？

第二天早上起來，「噩耗」變本加厲：當地的三名協作要打包回家，也不管目前在 C2、C3 的物資了。我簡直氣蒙了，

Enzo 在大本營「運籌帷幄」。　　　大家祈禱這次登頂成功。

運輸物資、帶客戶登頂是他們的基本工作，也是他們的工作責任。在營地的組織方的協調人也毫無辦法。最後我們只好用衛星電話和伊斯蘭馬巴德組織方的負責人 Nazir Sabi 溝通此事，在他的說服下，這三位嚮導才勉強同意留下來。

考慮到 22 日又將是一個可以登頂的視窗期，我們馬上開會討論。會議中當地三名協作的態度出人意料地出現了 180 度的轉變，他們主動提出，明天一早出發直接上到 C3，然後再先做好去 C4 的路旗。究竟是什麼動力讓他們突然變得如此積極？是終於想通了？還是要好好展示一下他們的實力？或者是意識到這將是最後一次登頂的機會？

可事實證明，我們高興得太早了。

第三次嘗試攀登頂峰，有兩名當地協作阿里穆薩和法紮阿里和我們一起衝頂，瓦哈布和上次一樣，以身體不適為由留在 C3 營地。在最後從 C3 到達頂峰的路上，由於路線上的雪深區

遠處是大名鼎鼎的 K2。　　　　　　　　V 形地帶。

域已經深至大腿，對於個子矮小的法紮阿里已經接近腰際，阿里穆薩說沒有氧氣了，要求返回。但 Tashi 替他檢查時，發現氧氣瓶還有一大半氧氣，但最後他還是以這個理由決定返回，我生氣得大聲衝著他喊，你不可以這樣！他又繼續和我們一起走了 100 公尺，最終還是要返回，而且還鼓動法紮阿里也和他一起下撤。我們勸導法紮阿里留下來和我們一起攀登，但阿里穆薩在返回的途中用對講機和法紮阿里溝通，勸他趕緊下撤，說這是不可能完成的事，還說前面的路線是經常發生雪崩的區域，不可能到達頂峰，法紮阿里在阿里穆薩的誘導下，最後也返回營地，這極大地影響了全隊的攀登信心。

　　如果這次深雪區還是像上次那樣深，需要兩三個小時才能從現在的位置開路到 V 形地帶（下面簡稱「V」）的下方，加上從「V」到頂峰的五到七小時路程，那麼距離頂峰的路程估計還需要十小時。這樣超強度的攀登後，回程會筋疲力盡，加

上坡度很大沒有路繩所造成的風險，整個下山最少需要十小時。
連續二十幾個小時高強度的高海拔攀登，我感覺這次登頂的希
望非常渺茫。在此期間，我們開始與大本營的 Enzo 用對講機溝
通，Enzo 聽到夏爾巴 Tashi 也說很不安全，有 50% 的可能發生
雪崩，不在現場的 Enzo 聽到這個消息非常擔心，第一反應是趕
緊安全下撤，這是在大本營的人員的通常反應。

　　這又是一個艱難而痛苦的黑夜。

　　兩名夏爾巴、我和張梁，無法完成在長長的齊腰的深雪區
開路的工作，在漆黑的夜裡也不知道怎麼走才是正確的路線，
判斷一下後期攻頂需要用的時間，不可能在預計的關門時間中
午 12 點前到達頂峰，最後我們只好決定下撤。Tashi 見我不甘
心，和我開玩笑說：「不行我倆去登頂？」這種玩笑之前我也
和他開過一次，這是我和他之間為了調節氣氛和給對方最大的
信心繼續下次攀登的小手段。可此時此景說出來，讓我倆只有
苦笑的份了。

　　回到營地的第二天早上，大家突然又冒出一個想法：是再
攀登一次布洛阿特？還是去 G1 ／ G2 大本營看一下有沒有攀登
那兩座山峰的機會？但是一打聽，那裡的一些隊伍已經下撤，
一半的隊伍已經離開了大本營。我當時也心灰意冷，甚至冒出
了這樣的想法：這次太折騰了，大家乾脆散了各自回家吧。G1

／G2 的十幾支隊伍目前沒有一支隊伍登頂，在攀登 G1 去往
C3 的路線上還遇到了雪崩，把當時攀登中的五名隊員打了下
來。幸運的是只有一個人骨折，沒有人失去生命。同樣幸運的
是，在布洛阿特的攀登中，立陶宛的一名攀登者在 C4 營地休
息時也遇到了雪崩，雪崩把他推到了雪崖邊，再有五六公尺就
把他捲下了崖壁。這次雪崩捲走了他的帳篷、一隻高山靴和一
些登山物品。我們 20 日去 C2 途中碰到他下撤，他其中一隻腳
上只穿著高山靴的內靴。

　　他遭遇雪崩的事，我們的當地協作也清楚。他們登頂前的
積極狀態和在山上 180 度轉變放棄衝頂，我想這次雪崩事件也
許是一個重要的原因。張梁比較傾向去 G1、G2 大本營看看，
我則認為，如果現在要去 G1／G2，還不如留下來繼續攻布洛
阿特。最後綜合分析決定，留在布洛阿特，等待下一個攀登機
會。可是在山上的所有物資已經全部運下了山，在 12 天裡我們
已衝頂三次，兩次到達了 7500 公尺以上，所有的人都差不多筋
疲力盡了。這次當地協作是沒有辦法再留下了，只能尋找新的
辦法。三名當地協作 24 日一早打包回家了，我們也沒有信心挽
留他們了。明天新的當地協作會從其他村子趕到大本營，和我
們一起準備下一輪的攀登。在做繼續留下來攀登的決定前，我
心裡一直也是猶豫不決的，內心一直有個聲音在問自己：「是

不是應該回家了？」但現在決定已下，先給家裡打個電話報個平安吧。媽媽正在樓下社區裡為孩子放小鴨，我說回家後給爸媽安排一個他們喜歡去的地方去旅行，媽媽說哪兒也不想去。我說想念媽媽做的飯菜了，媽媽只是說，早點回家吧。我又給遠在美國過夏令營的孩子打電話，打通了十幾遍，要麼沒有人接聽，要麼接通又斷了，始終沒有和孩子說上話。

　　新的當地協作到達 BC 營地了。天氣預報說最好時機應該是 28 日出發，31 日登頂。我們原打算這次建立 C4 營地，這樣可以降低風險，提高登頂的成功率。可是現在已經是 27 日了，趕來的協作還沒有很好地休息，需要推遲到 29 日出發。為了趕

上最佳登頂視窗期，只能取消建立 C4 營地的計畫，這也是唯一可行的辦法。

現在看來，12 日第一次攻頂的那個視窗期是一個絕好的機會，雪的深度比第二、三次都淺很多。這一次只能是最後一搏了，最大的願望是大家能平安回來。

但到現在為止，還沒有一支隊伍登頂，所以可供借鑒參考的經驗也沒有，只能通過以前的資料和這幾次的攀登經驗分析。新來的三名協作的經驗與能力一般，有一位甚至連自己的登山裝備都沒有，後來還是大家東拼西湊給他攢了一套高海拔裝備。所以，從嚴格意義上講，當地的高山嚮導所能勝任的角色實際上就是高山背夫，最多只能稱為高山協作。

在 BC 營地分配物資運輸時，遇到了更大的問題：當地協作要求，到 6500 公尺的 C2 路程，一人最多只能背負二十公斤的物資，從 C2 到 7300 公尺，不能超過十五公斤，兩個夏爾巴、我和張梁，已經過三次連續攀登，體能上都大打折扣，我們的物資已經精減得不能再減了，還是沒有辦法一次性帶上山。後來我們的廚師 Jian 主動申請幫著運輸，他六年前有攀登經歷，最高到過 7000 公尺，所以我們判斷他走到 6500 公尺的 C2 應該問題不大。他們的老闆 Nazir Sabir 也同意了這個想法。Jian 一直在大本營，知道我們整個攀登情況，他非常清楚這次一次

通往頂峰的橫切路線。 我很喜歡幫廚，尤其是烙麵餅。

性運輸的困難有多麼大，他也非常希望隊伍能成功登頂。Jian
一直都非常積極開朗，雖然山裡的伙食很難豐富，但他在大本
營每天都努力規劃好伙食安排，大家都很喜歡他，我也喜歡去
廚房幫著烙麵餅。

　　明天一早就出發了，可是晚飯時，新協作還沒有打包。通
過前三次當地協作的表現，我們這次並不期待新的協作能和我
們一起登頂，因為通過兩天相處的時間，發現他們沒有基本的
攀登規劃能力，能把物資安全地運到7300公尺的C3營地就已
經不錯了。

　　29日早上5點30分，我們和三個協作一起出發了。到營
地後，我和Tashi在碎石坡上一起搭建帳篷，然後在帳篷的前
廳開始燒水。平時到達營地後都是Tashi幹活最多，今天我看
見他躺下的樣子太累了，為了他能保持最好的狀態繼續攀登，
我主動承擔燒水做飯的任務。結果水快開的時候，鍋卻差點倒
了。原來，由於可供搭建的地方很小，下面的石頭沒有完全穩

固。我又用周邊的碎石子把氣罐圍了一圈，Tashi 趕緊起身來幫忙。這是我和 Tashi 攀登的第四座 8000 公尺級雪山，他的攀登技術明顯比第一次在珠峰時有很大進步。他是一個很聰明的夏爾巴，人也踏實，英語也不錯，而且一直都在學習。他自豪地告訴我，自己娶了一個他們本地的媳婦，她現在正在澳大利亞的一家旅遊公司工作，應該算是短期實習。

這應該是真正的最後一次衝頂了，為了隨時與國內溝通天氣狀況，我把衛星電話隨身帶上了山。衛星電話平時在大本營正常待機應該可以維持兩天，但在這樣寒冷的環境中，電池放電很快，所以上山後我只能關機放在羽絨服裡保暖。我想，這樣至少可以在隊伍到達 C3 時還可以打電話。除了衛星電話，我們每兩人配戴一台對講機，隨時可以和大本營、隊友之間取得聯繫。

因為這次登頂的時間只有三天，每一天都至關重要。所以這次我們沒有過多地遷就和依賴當地協作。我們想，如果他們有能力也願意跟我們一起登頂，那最好；如果不能，我們就順其自然。

按照預定時間，晚上 8 點我們準時出發了，11 點 30 分，我們接近 C4 的中間營地，抬頭能看見 C4 低營地的閃爍燈光，這個中間營地有其他隊伍的人在收拾東西。但當我們真正到達

帳篷跟前時，他們又回到了帳篷裡。我向著帳篷問：「請問你們幾點出發啊？你們有什麼計畫？」帳篷裡的人說：「現在就準備出發。C4 營地一共有十六人。」得知這個消息，我非常高興，心想，加上我們的隊伍今天就有超過二十人準備登頂了。更高的營地也有亮光，說明 C4 高營地有人也準備出發，我想他們應該知道前往頂峰的路。Tashi 一直走在前面，我緊跟其後，整支隊伍繼續向 C4 高營地進發。這個過程中，兩名當地協作也一直努力跟在後面，我們的隊伍後面又多了幾個其他隊伍的成員。

在 C4 高營地的下方，我拉住了與 Tashi 連接的結組繩，不讓他再繼續往前走，年輕氣盛的 Tashi 見我拉住他的結組繩，還有點不情願。我告訴他，我們需要等待。晚上漆黑，通往頂峰的路我們誰也不認識，而且雪很深，達到三十到五十公分。我和 Tashi 一起用頭燈照了一下前面的路，非常陡峭，感覺像是冰坡。

我們在營地下方大約等了 20 分鐘，帳篷裡的隊伍出來結組，準備出發了。這支隊伍由斯洛維尼亞的六名成員組成，他們白天在 C4 營地早已經觀察好登頂的正確路線。他們六人結組在一起，很快就攀登上了營地上方的陡峭的冰坡，我和 Tashi 緊隨其後攀了上去。接著，隊友張梁和 Angdu 還有幾個零散的

隊員也一起攀了上來，而我們的當地協作卻沒有跟上而下撤了。

　　這一段陡峭的冰坡僅僅是攀登難度的開始，往上走就開始切雪上攀。雪很鬆軟，走在前面開路的登山者最耗費體能，滑墜的風險也很大。斯洛維尼亞的六名隊員一直結組走在前面，一個多小時後意識到了攀登難度，體能也在下降。他們在陡峭的雪壁處停了下來，等待我和 Tashi 開路。由於之前十幾天內的三次高強度攀登，今天在 C4 也沒有機會搭建營地休息。從晚上的 8 點出發到現在，休息時間只有三四個小時，我們的體能明顯不能和他們相比，我知道現在開路將是一件多艱難的事。開始我不同意 Tashi 走在最前面開路，就在後面拉住結組繩。那幾個高大的斯洛維尼亞男性攀登者有些急了，放大聲音對著我們說：「這是一個團隊的事，你們為什麼不走前面？」一直在黑夜攀爬，我想當時他們也沒有認出我是一名女性。在他們的高聲斥責中，我緊隨 Tashi 超過了他們，年輕的夏爾巴 Tashi 好像感覺有些傷面子，開始快速地往前開路。由於雪深沒過大腿，而且有的地方坡度甚至達到 50 到 60 度，起初我跟著 Tashi 踩過的每一步腳印都會下沉，真的害怕，速度也慢了下來。當我站著定神的時候，Tashi 回頭重重地吼道：「Come here!」這是 Tashi 第一次用這樣的態度和我高聲說話，當時我心裡好委屈，眼淚都快出來了。因為平時攀登我們都配合得特別好，在

攀登中對方都很信任彼此，幾乎用手勢和眼神就可以代替言語交流。我想那時候他根本沒有意識到我跟不上他。在這樣的生死關頭，他只想到，我跟得越緊，風險就越小。慢慢地，我掌握了深雪區的路應該怎樣走，我又加快了速度，同時保證每一步都必須走穩，如果滑墜，我和 Tashi 都同樣危險。在最前面開路的 Tashi，體能消耗得很快，我也很累很累。1 個多小時後，還不到「V」的地方，Tashi 速度慢了下來，換了隊伍裡的張梁和 Angdu 走前面。結果開路不到二十公尺，因為實在太慢，我們不放心他們的安全，斯洛維尼亞的隊員見狀也急了，就繞開他倆又開始走到前面開路。從 C4 到「V」的路線上，沒有一段路繩，所以每一名攀登者都十分小心。就在「V」的下面有一段以前留下的幾十公尺的繩子。攀上「V」後，我和 Tashi 見

到了前峰和真頂的實景。我們相互對視了一下，欣慰地笑了。

這時已經 6 點多鐘，天亮了。從昨晚 8 點鐘到現在，一直在艱難而漫長的黑夜中攀爬，感覺終於清醒了。雖然看不見真頂，但是我們知道真頂就在前面不太遠的地方，大家都有些興奮，為了保證最後的攀登安全，我們四人結組在一起，在橫切山脊的過程中有垂直的岩壁，一邊是巴基斯坦，另一邊就是中國了。我們的速度明顯加快，在條件允許的情況下，開始超越其他人。橫切山脊的路線陡峭而狹窄，朝向中國一邊的雪崖甚至成為負角，沒有路繩的攀爬，真是一路驚險。

7 月 31 日上午 10 點 15 分，歷經四次衝頂，我們終於到達了布洛阿特的頂峰。首先和大本營的 Enzo 通了話——

「你猜我在哪兒？」

他脫口而出：「頂峰！」

「終於到達頂峰了！」當我說出這句話時，突然有些無名的委屈，臉上雖然一直掛著笑容，卻像三歲的孩子一樣，笑著對著 Tashi 的鏡頭說：「想念爸爸、媽媽、Cady、Judy，還有 Dad。」此時已經無法用語言來表達登頂時的激動，眼睛裡含滿了淚水，這種感受在過去所有的攀登中從來沒有過。

留在大本營的 Enzo 聽到我們登頂的消息，激動得與 Jian 相擁而哭。

經歷四次衝頂終於到達布洛阿特頂峰，相當於二十三天內登一座 6000 公尺、兩座 7000 公尺、一座 8000 公尺級雪山。

登頂不到半小時後，我們開始下撤。下撤時我和 Tashi 結組，開始他走前面，後來我走前面。幾個小時沿著幾乎沒有路繩的山脊路線下撤時，全程我幾乎是一步一步倒退著下來的。倒退的每一步都驚心動魄，尤其是下到「V」的橫切雪壁，白天能看見下面幾百公尺是一個很大的冰裂縫，與其說是冰裂縫，不如叫冰池更準確。在「V」的陡峭雪壁上，只要一步沒有踩穩，就會滑墜，我敢斷言，一旦滑墜，就會墜入巨大的冰池，如果還能活著，那一定是幾輩子積的德。

從登頂到下撤至 C3 營地的過程，用了 20 小時 30 分，當時的狀態用「筋疲力盡」四字遠遠不足以形容。

這一次攀登中，有一名女隊員在接近頂峰山脊時失蹤，根據分析，估計是在頂峰附近的山脊滑墜遇難。因為頂峰的山脊雪岩有很多都是懸空狀態，用力不合適就可能由雪崖塌陷墜入

中國國界。聽說失蹤的那個女孩攀登能力很強，已經攀登過三座 8000 公尺雪山。一個鮮活的生命就這樣悄然離開，也許哪一天這個身影是自己也說不定。這個登山季，布洛阿特一共有十三個人登頂，兩人遇難，登頂人員中無一名當地協作。

　　登完這座山，這一年的登山季也已經接近了尾聲。結束往往也意味著新的開始。

　　我曾想，也許，這一次是我人生中最後一次攀登 8000 公尺。每當在向朋友聊起這事時，他們都幾乎用同樣的回答質疑我：「你要停止登山，不太可能吧？」

　　可能？還是不可能？

　　不要定論沒有發生的事，也不要被一件事情綁架，就讓這片葉子在空中自由飄落吧。

努子峰海拔 7579 公尺
珠穆朗瑪峰海拔 8844 公尺

攀登紀錄
2013 年 5 月 16 日 13:10（尼泊爾時間）努子峰無氧登頂
2013 年 5 月 23 日 04:35（尼泊爾時間）珠峰南坡第二次登頂

雲端有路
2013 努子峰、珠穆朗瑪峰

是什麼，讓我的心飛向喜馬拉雅？
是什麼，讓我的夢在雲端飄過？

2013 年 5 月 23 日凌晨，珠峰南坡。

希拉里臺階下方。Tashi 停下來，示意我抬頭看：「Look, the summit ！」

我看看時間，剛剛凌晨 3 點。我們卻不得不停止去往頂峰的腳步。

這片區域已經是非常陡峭的山脊，路線下方有一塊岩壁，可以擋擋寒風，我用頭燈照了一下，還是看不清楚下面。Tashi 幫我換上了最後一瓶氧氣。我們準備在這裡等等，因為再往上爬就沒有可以躲避風寒的地方了。

很冷。我小心翼翼跺著腳，腳趾在鞋子裡不斷活動。大約過了半小時，腳已經被凍得有些疼。我不得不提醒 Tashi：「My feet……」我們都知道，如果繼續在此停留，會有凍傷的危險。但他知道，我的目標是什麼。

由於太冷，為了讓身體能保持熱量，我們倆又慢慢往上攀爬，發現一個可以站靠的地方，但太小，幾乎只夠站一個人。下面是萬丈深淵，陡峭無比。這裡相對背風，我倆再次停下來擠在那塊狹窄危險的地方。

我和 Tashi 緊緊地擠在垂直的懸崖邊。如果有其他隊伍的登山者爬上來，就可以錯開繼續前行。Tashi 轉過頭來，幾乎貼著我的氧氣面罩，輕聲問道：「How is your feet?」我牢牢抓住

登山繩，身子緊緊貼在岩石區，向他點頭，「I'm OK!」事實上，我已經冷得直打哆嗦，腳趾凍得生疼，緩不過來。我心裡有些擔心，但又知道我們不能再往上爬，因為上面再沒有背風的地方能停下來站穩。我輕輕地碰了碰 Tashi：「Are you OK?」他轉過頭來，笑著看著我，點了點頭。

我心裡突然一暖，也對他點了點頭。

這是接近世界之巔的無可比擬的高度信任。

在希拉里臺階下 8700 多公尺高處，萬丈深淵的崖壁旁，我們倆就這樣小心翼翼地緊緊靠在一起，等待著——

等待著……

2013 年 5 月 16 日 13 點 10 分，努子峰頂。

「This is the last time I climb a mountain!」Tashi 信誓旦旦地對我說。

「I don't believe you!」

他又笑著接了一句：「Just this mountain!」

努子峰其實沒有嚴格意義上的峰頂，峰頂就是山脊的突出處，刀鋒一樣銳利。我騎在山脊上，身後是曾經攀登過的珠峰和洛子峰。我讓 Tashi 幫忙拍登頂照片，峰頂太狹窄，我和 Tashi 的距離又太近，只好努力地把身子往後靠，這樣他才能把我拍進畫面中。

　　一路無氧攀登到頂峰，我的頭腦居然還很「清醒」。

　　我知道我做到了，作為中國人，第一個登頂 7879 公尺的技術型山峰——努子峰。接下來我還計畫連續無氧攀登珠峰，這樣的挑戰簡直就像在做白日夢，只能偷偷藏在心裡對自己說。

　　愚人節那天，我又出發了，帶著剛列印出來的書稿《靜靜的山》。這是我第四次到珠峰南坡。這裡的山石草木、風塵笑臉，都帶著淳樸的親切。很多人遠行，是為了離家，而我遠行到這裡，則更像從一個家到另一個家，只不過喜馬拉雅的家，海拔高了些。

　　這次來，想做的每一件事都令人興奮。想登一座山——努

子峰，雖然不到 8000 公尺，雖然很多人甚至不知道它的名字和存在，但它卻縈繞在我心頭很久：這次是和清一色不同國家的女隊友一起攀登，攀登中嘗試全程無氧。如果有可能，攀登完努子峰再連續攀登珠峰。我上珠峰想做的另一件事，是嘗試在珠峰南坳接近 8000 公尺的地方，和夏爾巴們一起把珠峰高海拔的攀登遺棄物帶下山。

2010 年我第一次攀登珠峰時就注意到，珠峰南坳散落著一些攀登遺棄物：帳篷、Gas 氣罐、塑膠袋等。攀登和拍攝記錄，我對自己都有信心，但是高海拔的遺棄物清理和城市裡的清潔工作有著天壤之別。只有組織夏爾巴團隊才有可能做這樣的嘗試，這完全不在我個人能力範圍內，心裡沒有底。

這次後半程計畫與我一起攀登珠峰的中國隊友還有：王巍、方泉、阿鋼。之前我並不太暸解他們，也沒有和他們一起攀登的經歷。

他們之前也沒有 8000 公尺級山峰的登頂經歷，我很清楚這意味著什麼，擔心他們出狀況。可我又怕自己的擔心會傷及男人們的面子，於是對他們講了我第一次參加國外隊的最大感受就是怕出醜，給中國人丟臉。

但接二連三想不到的事情總會出現，這也很正常。

剛到大本營，阿鋼說他的大羽絨服和頭盔找不到了。

在尼泊爾,《靜靜的山》新書發表會後接受採訪。　在 Lobeche 適應性訓練。

　　去冰塔林適應,英語流利的老海歸王巍,卻沒注意到當天的要求,他和方泉的安全帶的牛尾都不合格⋯⋯

　　酷愛爬山的方泉,卻以從來不登頂出名。我心想,要是所有的中國人都能順利登頂多好啊!可,這一次面對的是世界之巔珠穆朗瑪。我終於忍不住問方泉:「為什麼你以前爬山都沒有登頂?」他非常坦誠地說:「因為我意志力不行。」

　　「他說不行就放棄。」說這話的是王巍。沒想到,後來在登頂過程中,幾乎要放棄的,竟是一向表現強悍的他。因為在珠

峰登頂過程中拉肚子，他一度累癱到爬不起來，最後還是堅持熬到了頂峰，再次強有力地證明了他超人的毅力和要強的個性。

　　方泉曾經是金融雜誌主編，有著詩人般的豐富情感，一句好詩，一首老歌，一段登山的經歷，甚至一句肺腑之言，都會讓他感動得流淚。但他打牌時卻好像總是缺一根筋，常常因此挨訓。王巍是金融專家，名揚圈內外，經常主持各種活動和論壇，思維敏捷，邏輯性強，是打牌高手，牌局中有大哥風範。他和方泉，經常在我面前自嘲為「我們這兩個老男人」。攀登前期我基本上一有空就在修改書稿，偶爾閒時也陪大家打牌消遣。方泉因為經常犯一些低級錯誤而受到老友王巍的批評，他無奈地說：「我以人格受到污辱的代價和大家玩牌，讓大家開心，這是多麼大公無私的偉大精神！」

　　看他說這話的樣子，我和阿鋼都忍不住笑。王巍卻常一本正經地盯著自己手裡的牌，一言不發。

　　阿鋼平日給我的感受是個樂於助人的熱心腸。可是，他有時思考問題和做事的方式和大家很不一樣。去 C2 適應訓練，通過孔布冰川時，阿鋼速度比平時慢，組織方負責人羅塞爾讓他返回大本營，但他還是堅持向上走，結果到 C1 時比其他隊員晚了兩個多小時。羅塞爾讓他和夏爾巴留在 C1，第二天再上 C2。他卻說：「如果今天夏爾巴不陪我上 C2，我就自己一個

人走！」這話把一直在中間做翻譯、協調工作的王巍搞得不知說啥好，以至於一直擔心他，甚至一度出現幻覺，以為阿鋼真的一個人跑上 C2 了。

14 日晚上，金飛彪、婷婷、阿福來探營，還送來了辣醬和腐乳，他們參加的是相鄰營地 IMG 的隊伍，其中還有昆明的李捷（非常遺憾最後他們都沒有登頂）。

「四月是殘忍的季節」，艾略特的這句詩，讓我突然心顫。

他說的四月，不是尼泊爾的四月，但我的記憶裡，尼泊爾四月裡發生很多事。

2013 年 4 月 24 日，攀登馬卡魯峰的中國人劉向陽在 7500 公尺處滑墜遇難。

29 日，珠峰誕生了人類歷史上海拔最高的打架紀錄，一群夏爾巴和兩名登山者在珠峰 C2 營地爆發了衝突。兩名著名的歐洲登山家與一名攝影師於 4 月 27 日向 C3 營地發起衝擊，想從一條未經開發的冰路向上攀登。當時一隊夏爾巴正在山上安裝路繩。夏爾巴們不想他們在還沒裝好繩索的情況下，走到前面去，但他們還是這樣做了。三人攀登中引起冰塊掉落，砸到了其中一個夏爾巴，激怒了夏爾巴人。最終他們當天沒能成功登上 C3，只好返回 C2。當天晚些時候，上百憤怒的夏爾巴人

衝到他們的帳篷前與他們大聲爭執，言語不和間，甚至動手打
起來，一場高海拔的衝突爆發了。其他登山者在他們和夏爾巴
人之間形成一個緩衝帶，才讓這事平息了下來。後來，當事人
之一的瑞士人烏里放棄攀登回國，他說他可能一輩子都不想來
珠峰了。我聽說，他又去爬了安納普爾納山並登頂，但是德國
和法國的專家都表示質疑，因為他的登頂證據不足，連照片都
沒有。烏里解釋說：「我的相機掉了。」

4 月真的如此難過嗎？

好在，5 月來了。

5 月，一位八十歲的日本老人三浦雄一郎打破登頂珠峰年
齡最大的世界記錄。

但 5 月，有更多艱難而糾心的事，讓我煎熬。

5 月 1 日晚上，Tashi 和另外兩名夏爾巴從 7950 公尺的南
坳回到了 C2 營地。第二天早上吃飯時，我在大本營看見 Tash
在廚房裡吃飯，趕緊過去，一看，他眼睛都是紅紅的。

「Your eyes, red?」

「Very tired, no problem.」

感覺這趟並不容易。

5 月 5 日，一早得知，IMG 隊伍裡的一個夏爾巴在 C3 突

在珠峰洛子壁下，與三浦雄一郎合影。　　攀越孔布冰川。

發疾病遇難，還有另一個夏爾巴的後腦勺也被砸傷，當天直升機飛到 C2 把他運送到了加德滿都。回到 C2 營地，普巴紮西告訴我，今天直升機運走的還有 IMG 隊裡的兩個中國人。

「中國人？兩個？」

我趕緊跑到隔壁的 IMG 去問。「咋回事？」我找到了金飛彪。他說明了情況——老李和婷婷今天不得不坐直升機下山。

「老李肺水腫，應該不是太嚴重。婷婷走得很慢，也陪他下去了，他英文不好。」

「哦，不嚴重就好，你身體狀況還好吧？」

「我還好，就是明天天氣不好，說要下撤。」我回到營地，心裡沉沉的，情緒很低落。

6 日早上 5 點，大家陸續從 C2 營地出發，今天需要通過孔布冰川下撤到大本營。昨天和 Tashi 討論接下來拿哪台相機為

與 Tashi 去往南坳的路口。

這次登山做記錄，最後決定帶兩台小而輕的機子。他說：「明天我和你一起下撤，通過孔布冰川時你幫我拍幾張照片。」

沒想到早上臨走時，他還沒有收拾好。「Tashi, I'm ready.」

「OK. You first! I'm not ready.」

我知道他速度非常快，就先去追前面隊友了。十幾分鐘後，在換冰爪處追上了他們。我發現阿鋼居然空身下山沒有背包，我很意外。過了不到一小時，我到了 C1，回頭一看，Tashi 還沒有趕上來。接下來就要過孔布冰川，這裡是最容易發生雪崩的危險區域，原則上通過此段路程中不會停下來。每個人都恨不得爭分奪秒、爭先恐後地儘快通過。夏爾巴的速度就是快，接近最危險區域時，Tashi 趕上來了。我替他拍了幾張照片，但不是很滿意。正想著再拍，突然，身後右側傳來一聲巨大的聲響：

轟！——

「雪崩？」

大家第一反應是回頭看，然後本能地往前面更安全的區域拼命跑。我下意識的第一反應卻是，把雪崩過程記錄下來。於是打開攝像機邊錄邊問紮西：「Avalanche! How are you feeling?」

「It's normal.」

他嘴裡說「很正常」，可是跑起來卻異常地快。不過，「It's normal.」這一句，還是給了我一些自我安慰不必害怕的理由。

我們有驚無險地回到營地。

5 月 8 日晚上，得知明天天氣非常不好，取消凌晨 2 點往 C2 的計畫。這使得我們幾個攀登努子峰的女隊員有些洩氣。

晚飯時，Martine 不知道怎麼了，悄悄哭了。我問 Ellen：

「What's wrong with her?」

「She's very sad. Because she wants to leave.」

「Why?」

「Don't know?」

我沒有再追問。

9 日，吃完早飯，我一個人下山去有信號的地方打電話處理一些積壓下來的事情。明天，發強就帶隊從北京出發來加都

了，然後他們徒步進大本營。回程的路上，碰到 Martine 獨自一人下山，我問她為什麼離開。她說：「我不喜歡孔布冰川，總是雪崩，總是要想著，也許下一刻我就⋯⋯我不知道⋯⋯我很喜歡你，再見！」

「我也喜歡你。歡迎到北京。」

「加油！」

她的熱情和笑容還是一如既往。我們擁抱後，她一邊說著一邊大步下山。我望著她下山的背影，一直沒有想通，她為什麼沒有做最後的嘗試，就這樣提前離開了隊伍，難道真的是害怕通過孔布冰川？

2013 年是人類登頂珠峰 60 年，攀登珠峰的人比往年更多，直接導致了珠峰登頂路線上的擁堵排隊，也增加了攀登者被凍傷的風險，7950 公尺南坳也留下了更多的遺棄物，除了登山裝備，還有鍋碗瓢盆。

但是，更多的，是傳奇。

王巍、方泉和我專程在大本營拜見了攀登者中年齡最大的一位日本老人──日本著名登山探險家三浦雄一郎。

三浦先生今年八十歲了，準備第三次攀登珠峰，創造人類登頂珠峰最年長者紀錄。他的兩個兒子也來做他的助手，還有

一支強大的後勤服務團隊。三浦全家,包括妻子、三個兒子,都是滑雪高手,他本人還獲得多次馬拉松賽冠軍。他在日本是家喻戶曉的偶像人物。我們合影留念後,他們站在帳篷外揮手目送我們離去。我至今都記得三浦先生那炯炯的目光和矯健的步伐以及自己內心對他的欽佩之情。

我八十歲時,會是什麼樣子?

關於努子攀登計畫,組織方遲遲不出臺,我終於按捺不住了,去找羅塞爾問天氣。隊員們已經有各自的一些猜想。我看完天氣預測圖分析,接下來最有可能衝頂努子峰的時機在 16、17 日,珠峰的最好窗口期有可能是 21 日左右。這樣一來,登頂努子峰後如果再攀登珠峰,沒有任何休息時間,感覺連續攀登的計畫不可能實現了。

10 天沒有網路通信,我下到 Gorakshep 上網,也更新了一下微博,給發強打了個電話,他今天出發了,預計 21 日到達大本營,我想,他來的時候我應該正在山上。回程路過當年給機長李斌、韓昕堆的瑪尼堆,又哭了,起因是在微信裡阿拉善基金會的小剛姐和克鋼大哥說起山友劉向陽在馬卡魯遇難的事,知道我也在登山,很擔心我的安全。小鋼姐說:「親愛的 @ 飛雪靜靜想死你了!前段時間沒你的消息,@ 克鋼和蕭老師急瘋

了，可見大家是多麼的愛你！你快點平安回來啊。我們一起為你洗塵！等你！」

「靜靜，你的每一步，我們阿拉善和你同腳印。加油。」

此時此刻，沒有比這些話語更容易讓我淚流滿面了。

5 月 11 日，午睡後從帳篷裡出來，滿地白雪，珠峰西肩和努子峰在夕陽的映照下顯得格外潔白。夕陽紅霞下，浮雲不斷變換飄動，嫵媚的彩雲卻絲毫不能撼動雪山的肅穆與莊嚴。

當晚確定，明天凌晨出發去 C2 攀登努子峰，預計 16 日是最好的登頂日。隊伍裡三名女性中兩名準備無氧攀登，我是其中一位。Ellen 一直堅持有氧攀登，她說以前有個非常聰明的朋友，因為無氧攀登，現在說話變得非常緩慢，反應遲鈍。如果 16 日成功登頂，下山後我不會有時間回到大本營休息，因為珠峰隊伍會在 17、18 日左右到達 C2，預計珠峰的最佳登頂日應該是 21 到 23 日。如果感覺體能還可以，我將在 6450 公尺的 C2 營地隨攀登珠峰的隊伍嘗試連登珠峰；如果體能不允許，我將不得不放棄努子峰和珠峰無氧連登的計畫。

5 月 12 日。沒有出發上路，事情總會變化，也就是說，直到你真正做到了，否則之前一切都是空談。一早起來得知，原本打算今天一早出發去洛子峰的隊員，因為昨晚下雪，取消了

去 C2 的計畫。

　　早上問 Tashi 我們要去的努子峰情況如何，他說：「四次嘗試，固定繩還是沒有修到頂峰，努子不容易登，或許難度超過 K2。」

　　頭大。

　　「距離頂峰200公尺到300公尺的地方，非常陡，雪很深。」Tashi 從來很樂觀，但這一次他卻說，努子也許比 K2 還難，看來登頂的機率並不高。

　　「努子和馬卡魯相比如何？」我又問他。「比馬卡魯難太多了。」我一直懷疑，怎麼會這樣？因為我知道，馬卡魯最後

衝頂時，我和 Tashi 結組的那段路已經非常可怕了。我瞭解到的努子峰攀登並沒有這麼難。我對 Tashi 的話半信半疑。

終於，到了最後的衝頂日。

5 月 16 日，凌晨 2 點，隊伍準時出發了。一出發就是陡峭的岩石，接著馬上就是堅硬劇滑的亮冰山脊。攀爬山脊末梢時，刮起了大風。我用脖套摀著嘴和鼻子禦寒，雖然這樣無法吸入更多的氧氣，但是已經到了海拔 7000 公尺以上，如果鼻子和嘴暴露在風雪中，非常容易凍傷、曬傷。可最後，我還是不得不把鼻子和嘴露出來，因為稀薄的空氣迫使我需要更深地呼吸，已經顧不上可能被凍傷曬傷這些風險了。

雖然在 C2 看登頂路線，到了亮冰山脊應該就完成了近半的路程，但在實際攀登中，通過亮冰山脊後又用了一倍多的時間，連頂峰的影子都沒有看到！7500 公尺以上身體本來嚴重缺氧，攀登冰岩混合的陡峭山脊，更是耗費大量的體能和氧氣。Tashi 已經在我前面拉開一段距離了，「Tashi……」我已經沒有了力氣——沒有力氣說話，沒有力氣做任何一個多餘的動作，甚至都沒有力氣和精力看時間，只知道天已經亮很久了。我們登頂所用的時間，遠遠超過了 Tashi 預計的「四到六小時」。

我趴在岩石區努力地站穩，向 Tashi 直搖頭，表示不想再

往前了。Tashi 看了我一眼，馬上轉回頭去。此時，他看我的表情不再像以前那樣帶著鼓勵，也無嚴肅。我覺得，他知道這一路的艱難我已經盡力撐過了，他緩緩移動的背影似乎在告訴我：「那我們就下山吧。」

突然，他回頭看著我，蹦出一個詞——

「Summit!」

我順著他望著的方向看到了峰頂。但是，全然沒有一點點興奮感，還是對著他慢慢搖頭，說不出一個單詞。可他卻向我點點頭，示意我繼續往上攀爬。

「哇！」我突然叫起來，一不小心，一隻羽絨手套瞬間從陡峭的雪壁滾落下去，不見了蹤影。幸好還有備用的大手套在包裡，我艱難地爬到 Tashi 跟前，示意他幫忙取出包裡的手套。要在這樣陡峭的路線上取出背包裡的手套很危險，他怕我凍傷，趕緊把他的厚手套給了我。

「Your hand?」

「No problem!」他微笑著說。

我們的交流只剩下最簡單的詞彙和緩慢的肢體語言。攀登到前面一個可以稍微坐穩一些的結點，我自己把背包裡的手套取了出來，把厚手套還給了 Tashi。我把手套遞給他，沒有任何話語，只剩感動的眼神。

他向我豎起了大拇指，鼓勵我繼續攀爬。

前面真的可以看到頂峰了，他顯得很興奮，但我卻一直興奮不起來，還是對著山頂搖頭。此時，我估計距離頂峰的垂直高差有 200 到 300 公尺，但沒有吸氧的我頭暈頭痛，身體裡再也迸發不出一點點潛能，攀爬速度慢得自己都害怕回不去了。我已經估計不出還需要用多少時間才能到達頂峰。

我已然沒有了登頂的欲望。

Tashi 很快站了起來，「Jing, Come on, summit!」我動作緩慢地背上背包。這個時候，我感覺大腦活動幾乎停滯了，無法思考，而且感覺後腦勺溫度升高了，頭暈得好像大腦裡面有一團熱呼呼的糨糊，大腦在升溫！

跟著 Tashi 緩慢地往前，往前，再往前……Tashi 不停回頭看我是否還在繼續。接近頂峰時，出現了一段高難度的岩石區。Tashi 停下來，在岩石上方把固定繩又打了個結，拉緊了繩子，然後站在上方，觀察我怎麼上去。我知道此時他也無法幫到我，在岩石區的下方，我運了好幾口氣，把最後的力量都使出來，才攀爬上去。穿著冰爪踩在岩石上面並不容易站穩，岩石上面是陡峭的雪區，雪區上的山脊，就是頂峰了。

Tashi 仍在繼續，爬到山頂。他在山脊上坐穩後，向我喊到：「Be careful! Jing!」

在努子峰峰頂，與珠峰合照。

「天哪，腳下全是冰裂縫！」

冰裂縫太多太多了！

我第一次見到一座山的頂峰居然由如此多的冰裂縫堆積而成。

我終於上到了峰頂。

這個頂，怎一個「險」字了得！山脊就是個刀鋒，我請 Tashi 把我身後的珠峰拍下來。拍照難度很大，Tashi 又做了一個安全保護，身子往外傾斜，我和他面面相對，也儘量把身子往

後靠，才進入了鏡頭。我又拿出攝像機，把這一刻記錄了下來。

　　下山時，我已經沒有以前那麼快速，沒有吸氧的我全身沒勁，但又必須打起 100% 的精神。我知道，90% 的山難都發生在下山過程中，而這座山的陡峭和亮冰區域更是讓人馬虎不得，每一步都得靠自己，沒有任何人幫得了你。當然還要感謝 Tashi，他一直在前面我能看見他的地方。

　　從凌晨 2 點出發到中午 1 點多登頂，再到下午 6 點到達 C3，用了 16 小時，可謂步步艱難、步步驚心。在頂峰，我自己嘴上說：「看來我還是清醒的。」可回來後看當時的視頻才意識到，自己在缺氧的情況下居然搞混了 Billi 和 Ellen，對著鏡頭說：「Billi 是有氧攀登。」而其實有氧攀登的是美國的 Ellen，Billi 和我是無氧完成努子峰的攀登。

　　從努子下撤到 C2 後，我和 Tashi 與在大本營的普巴紮西、羅塞爾一起商量的結果是，我獨自留在 C2 等待珠峰隊員，Billi、Ellen 和攀登努子峰的夏爾巴全部下撤到大本營。

　　18 日早晨起床後，依然感覺身體虛弱。午飯後躺在帳篷裡閉上眼睛，覺得珠峰與努子峰的連登，真是在做白日夢。

　　我像一條攤在沙灘上的魚，等待著海水的到來……

　　可是，「海水」在哪裡呢？

　　湧來的，卻都是噩耗——

從夏爾巴處得知，在我們攀登的同時，有一位俄羅斯的攀登者在接近南坳時遇難，他已經成功無氧登頂珠峰，可是在下撤到南坳途中遭遇不幸。

晚飯後，突然發現洛子峰有頭燈亮著，這可是晚上 7 點 20 分啊，難道還有人在洛子峰頂區域？！

廚房裡的夏爾巴說，今天直升機三次到洛子峰的 C4 以上搜尋救險，一位臺灣人登頂洛子峰下撤後遇險，據說已經沒有體能自己行走下山，而 C4 營地也已沒有了氧氣和食物。陪同他的兩個夏爾巴，狀態也很糟糕。直升機幾次試圖救援，但都未成功。

我心裡一驚，難道是我在 Gorakshep 遇到的那位臺灣來的「李小石」？真希望他能熬過這一夜，明天平安下山。真希望那兩盞頭燈是天上的星星在閃爍。期待所有在月光女神照耀下的登山者都能平安無事⋯⋯

19 日早上，一直睡到太陽照到 6450 公尺的帳篷暖暖的才起床，吃完早餐後向洛子壁下方去遛彎適應，自己活動活動，希望身體能恢復一些。

在我的前面一直有六個人，走得非常慢。我想，還真有和我一樣慢的登山者啊。一小時後，他們停了下來。我走上前才發現，居然是日本老人三浦雄一郎和他的嚮導 Hiro，還有他的

兩個兒子和攝影師。Hiro 最先認出我，笑著喊出：「Ginger！」
他還是叫我以前的英文名字，我趕緊和他們打招呼，沒想到這
麼巧，在接近 7000 公尺的地方碰到了八十歲的三浦老人。他馬
上摘下了氧氣面罩，滿懷激情地說他們準備在 23 日登頂珠峰，
如果順利的話，這個時間和我們預計的登頂時間一樣，我們還
有可能在頂峰相遇。

　　我走到洛子壁下後，目送他們前行返回營地。一想到八十
歲日本老人真的也要上珠峰，我的精神受到了極大的觸動，感
覺體能一下子丁鈴桄榔又回到身體裡來。雖然我清楚地知道，
無氧攀登努子後，短期內再無氧登頂珠峰是件不可能的事，但
是我覺得，不妨一試，能到哪裡就到哪裡。

　　今天路上，拍攝到了洛子壁 C4 的救援。這一次救援，飛
機直接從 C2 吊了一個人走，然後又飛到了 C4，我猜想應該是
投放救援物資。可是直到下午 4 點，也沒有被困的李小石的確
切資訊。

　　我正為之心情難受，在帳篷裡休息，突然有人大聲叫我：
「Jing, Lady!」我趕緊起身到帳篷口，廚房的夏爾巴對著我笑著
說：「Your husband!」他用手在耳邊做出對講的姿勢。我趕緊
笑著向廚房快速走去，用對講機和正在徒步路上的發強通話。

　　「I'm Jing.」這裡沒有人和我講中文，我已經習慣性地在和

珠峰登頂後，與發強在大本營相見。

在珠峰南坳遇到運送俄羅斯登山者的遺體。

任何人打招呼時先說一句英文。

「你在哪兒啊？」

「我在 C2，6450 公尺，你們都好嗎？」

「我們都好。」

「你們幾號衝頂？」

「22 或者 23 日。」

「還是那句話：你量力而行！」

「好，我知道了。大本營我的帳篷裡給你留了一瓶橄欖菜和一包榨菜，在大本營吃的都是西餐，你拿出來吃了吧。」

「保證很快就會把它們消滅掉！還是那句話哈：量力而行，安全第一！」

「好的，親愛的，再見！大本營見！」

「等你下山！」

「好！」

等我下山，親愛的。

　　20 日早上小便時，發現紙上有一點暗紅色分泌物，心裡一下子緊張起來。這個月正常例假應該是在 15 日，現在已經超過五天，在攀登努子峰之前就一直想著這事兒，每一站都帶著必備用品。本來在 6450 公尺就沒有一天能睡好覺，每天都會醒來無數次。整天睡不好，吃不好，每天都是在不斷地消耗自己。偏偏女人問題這時候又出現，而且早不來晚不來，明早就要準備從 C2 出發攀登珠峰了，在最後的關鍵時刻卻來了。這又為嘗試無氧攀登珠峰增加了難度，上天可真會考驗人。

　　晚飯時得知，被困洛子峰 C4 的李小石遇難了。他 17 日登頂，今天已經是 20 日了，三天三夜過去了，直升機救援未成功。組織方也沒有組織夏爾巴上去營救。我想起 2011 年西班牙隊在洛子峰被困的情況，與這次非常相似。當時西班牙隊就在同樣的高度、同樣的營地遇到了困難，但羅塞爾和 IMG 的兩支隊伍聯合起來，組織強有力的夏爾巴，當夜就把被困者救到了 6450 公尺的 C2 營地，而且當時有一名被困者傷得非常嚴重，沒有了行走能力，是被包裹在救生床裡拖運下山的。可是，這一次，臺灣的李小石沒有那麼幸運，一條鮮活的生命就這樣消失了。我想起在 Gorakshep 時，他神采飛揚描述自己的攀登經歷的情景。

他寫過好幾本書，還辦了很多次書法展，是個因山而身心生動、豐滿的人。我心裡難過極了，現在抬頭就可以看見他所在的營地，和他的距離太近，彷彿自己也一下子陷入了死亡邊緣。

21 日，在 7400 公尺 C3 營地看到直升機終於從洛子峰 C4 吊走一個人，當時還瞬間欣喜，心想李小石獲救了，又馬上意識到昨天在 C2 已經得知李小石遇難，那今天吊走的，不是活生生的他，而是冰冷的軀體……

一想到這裡，我的心就縮成一團，與他在 Gorakshep 見面的場景與今天的畫面不斷在腦海中重疊。他中等身材，方臉型，直立的短髮，有一點絡腮鬍子……一個活生生的形象與今天飛機上吊走的僵硬身體，不斷在腦海裡疊加，有一種說不出的糾痛。現在已經是 7400 公尺空氣稀薄地帶，感覺死亡的氣息靠自己越來越近、越來越近……

22 日早上 7 點 30 分出發。

昨晚在 C3，整晚堅持沒有吸氧，我決定繼續嘗試無氧攀登珠峰。出發後的一段時間裡，我一直走在隊伍的前面，隨著海拔越來越高，吸著氧氣的隊友們一個個超過我。在橫切位置，我感覺到大腦再一次進入恐怖的升溫狀態，全身都沒有了力氣。我在路線上叫住了 Tashi：「Tashi, I need oxygen.」

他往前方指著，說：「Go up to south col ？」

　　我接著又走了幾步。他越是這樣說，我越是感覺到無氧登頂的渺茫，甚至覺得我都沒有辦法堅持到南坳。

　　富有經驗的夏爾巴隊長普巴紮西正好也爬上來了，我問他：「Your opinion?」我接著用磕巴的英語向他解釋，「如果我堅持不吸氧，即使堅持到南坳，我想我肯定無法登頂。」在我呼吸困難、全身力量如潮水般退去的時候，昨天那位強悍的俄羅斯登山家無氧登頂後下撤到南坳遇難的消息，著實給了我當頭一棒！我感覺我必須吸氧了，不能再硬挺冒險了。

　　「You are right.」普巴紮西看著我，平靜地回了一句，然後超越我們繼續前行。2013 年的這一季登頂後，他已經可以毫無懸念地成為迄今為止人類登頂珠峰次數最多的人。他三十一次登頂 8000 公尺雪山，其中二十次是登頂珠峰。2013 年過後，他就會刷新自己的記錄，成為至少二十一次登頂珠峰的人。有他的肯定，我更加堅信自己的決定是對的。

　　接近南坳營地時，遠處有五個人正費力地拉拽著一個救援袋，我心裡咯噔一下，他們在運送一具遺體！我的情緒一下跌入萬丈深淵，很吃驚，也難過，接二連三的事故衝擊，甚至有點慶幸自己決定提早吸氧。終於到了 7950 公尺的南坳，雖然之前聽聞一些描述已經有心理準備，我還是大吃一驚。

　　這裡和三年前差別太大了，遺棄物多了好多。很多是這幾

天攀登隊伍留下來的，什麼都有。心裡好難受，Tashi 說我幾乎快哭了出來。我想，單憑羅塞爾隊裡的夏爾巴，要把這麼多東西運下山去，太不現實了，高海拔遺棄物清理成了不可能完成的任務。我只能先把這裡的一切用視頻的方式記錄下來，為以後做資訊參考。

5 月 23 日夜裡 11 點，出發攻頂珠峰。攀爬到 8300 公尺之前，我和 Tashi 一直在「超車」。吸上氧氣的我，就像魚兒又回到了水中。8300 公尺最高營地還有三頂帳篷，帳篷裡燈亮著，有人正在準備出發。我想，這個異常高的營地應該是日本 80 歲老人三浦雄一郎的營地。我和 Tashi 繼續走在隊伍的最前面，一路超車，感覺狀態非常不錯，心裡美滋滋的。

今晚沒有星星，四周漆黑。

突然——「哇！——」

「No! No! No……」

我止住前進的腳步，緊緊拉住路繩，低頭大叫。

「What happened?!」走在我身後的 Tashi 緊張地問。

我回頭用頭燈照著距離我兩、三公尺的他，示意他自己往上看，我低頭不敢再往前看。這裡的路線比較陡峭，他用頭燈照著漆黑的前方，當他看清楚是什麼把我嚇成這樣後，自己鎮定了一下，仰頭示意我繼續前行。我試著穩定了一下情緒，還

是低著頭不停搖頭：「No! No! No……」我不停地搖頭，手裡緊緊抓著上升器，動彈不得。我對 Tashi 說：「You first.」他遲疑了一下，然後緊貼著我跨越了過去。我緊跟著他，過去。

委婉地說，是繞了過去，確切地說，是爬了過去——從一個人身邊，從一具遇難不久的遺體身邊。

更殘酷也更客觀地說，是不得不跨過他身體的某些部位，我才能過去。

他半坐半躺在路繩的結點處，張著腿，雙手僵直，整個人彷彿是被某種魔力瞬間冰凍在那裡。

第一次，如此毫無防備地與死神在高海拔迎面相撞，四周一片漆黑，我的身體越過了他向上攀登，但是我的心卻一陣陣下墜，總感覺有一隻手就硬挺挺地在我身後。

我向上，它們追隨……

甩脫不了身後的那個黑影！

都形容黑夜伸手不見五指，但此時此刻，身後僵直的五指一直緊緊跟隨。

No! No!……

我的眼睛始終追隨著自己的頭燈光，我的心還依然被瀰漫的黑暗拖墜。

「Tashi, Can I go first?」

Tashi 好像沒有聽見。

終於，前方出現了稀疏的幾盞頭燈。這是先出發的其他隊伍的登山者。頭燈在動。他們在動。我的心被這移動的燈光點亮了。

我們很快到達了希拉里臺階下面。

Tashi 停下來，示意讓我抬頭看：「Look, Summit!」

我有些吃驚，這麼快，我們就要登頂了？

看看時間，剛剛凌晨 3 點。我和 Tashi 估算了一下，距離頂峰也就需要半小時左右時間。我們爬得太快了，以至於我們不得不在這海拔 8700 多公尺的區域，找個能站腳的地方拖延時間，不再繼續前行，因為我們的目標是，到達頂峰時，正好能看到日出——

世界上最高的日出。

我們就在這海拔 8700 多公尺希拉里臺階下的萬丈深淵崖壁邊，小心翼翼地緊靠著，等待著……

等了一個小時。

4 點鐘。是時候了。我們開始繼續攀爬，控制著時間，慢悠悠地往上。

天開始濛濛亮了，山巔輪廓越來越清楚。漸漸地，不借助頭燈也完全可以看見腳下的路況了。

第二次登頂珠峰迎來日出。

「頂——峰——了！」

時隔三年，2013 年 5 月 23 日 4：35 分，我又一次站在了世界之巔。從南坳出發到登頂，攀登用時 4 個半小時。

珠峰頂，正日出。

這一季，王巍、方泉、阿鋼、我，都登頂了珠峰。事後大家都問以「不登頂」著稱的方泉，「你連慕士塔格都上不去，珠峰怎麼登的頂？」每每這時，方泉就帶著一點點壞笑，說：「我是看著靜靜的背影上去的。」他後來寫了一篇文章《叫一聲「靜姐」，很由衷》。

我想，每一個登頂珠峰的人都應該對自己說一聲「謝謝」，由衷地。攀登珠峰的決定和過程對於每個人都是一個挑戰，這

珠峰堵車。　　　　　　　　　　　瞻仰艾德蒙・希拉里及其夫人和女兒的墓地。

些挑戰都將是人生的最好積累。

　　三浦先生於 5 月 23 日也成功登頂珠峰，創造了人類歷史上年齡最大者登頂珠峰的紀錄。我曾經在北大等高校演講，題目是《人人都能登珠峰》。「人人都能登珠峰？」這怎麼可能？很多人不相信。為什麼我的隊友能登珠峰？為什麼八十歲的日本老人能登頂珠峰？答案其實很簡單，那就是——

　　有目標，堅持做。

　　我呢？

　　為什麼要登山？

　　為什麼無氧攀登完努子峰後又連續攀登了珠峰？

　　攀登對我的吸引，究竟是什麼？

　　是峰頂？還是山路？

　　是從黑暗到黎明？

是堅持與放棄之間的超越自我？

還是站上世界之巔的視野和感悟？我總想到第一位登頂珠峰的紐西蘭登山家希拉里。2013 夏天，我去紐西蘭拜訪了他的家鄉。年輕時的希拉里和許許多多的紐西蘭農場出生的人一樣，一直想子承父業，做一名紐西蘭農場上的養蜂人。如果真是那樣，紐西蘭會多一個踏實能幹一手養蜂絕活兒的農夫，但是，人類攀登史上不會記住「希拉里」這個名字。他的手觸碰的，不是 8000 公尺以上的岩石或冰雪，而是蜂箱裡黏膩的蜂蜜；他的眼睛看見的，不是世界之巔的壯闊雲海，而是農場上的蜂飛燕舞；他的耳朵聽見的，不是轟隆隆的震撼雪崩，而是嗡嗡嗡的蜜蜂歌唱；他的腳踏過的，不是紐西蘭牧場的柔軟草地，而是尼泊爾山區堅硬的岩石。是什麼改變了他的人生軌跡？

年輕的希拉里和朋友去登了一座山，他知道了自己的熱愛在哪裡。

據說當年，他和夏爾巴丹增 · 諾爾蓋兩人站上珠峰頂峰時，他說：「我們真的做到了！」要知道，之前因為對領隊更換不滿，他一度想在最後關頭放棄呢。

是山，讓人做到更多。

靜靜的山

後記
路由心生

　　從香山到珠峰，我遇見過很多山。每一座山的攀登難度和景象完全不同，但是相同的是——

　　站在山腳下的人，都想站上頂峰。

　　8000 公尺級山峰的登頂行動，都是從黑夜開始出發。常有人問我：「為什麼？黑暗中怎麼能看得見路？風險不是會更大嗎？」

　　答案很簡單——

　　在黑暗中出發，才能在光明中登頂，在陽光普照中安全下撤，迎接下一座「山峰」。探過路的人都知道，路由心生。 當無路可走的時候，堅持，靠的是信念，靠的是膽量！

　　攀登，就是每天在不確定中做決定，在堅持與放棄中做選擇，大家總是為此爭論不休。其實，放棄比堅持更需要勇氣和

智慧；有時也為莫名的堅持感動得熱淚盈眶；時而也思考自問：「人為什麼活著？」

人生就像攀登一座高山，能否達成目標，重要的不是你現在的位置，而是你選擇向哪個方向移動。每個人，只要腳步不停，距離夢想一定會越來越近。

我曾經站在洛子峰上看見珠峰全貌，珠峰壯美的「另一面」給我留下了深刻印象。

我有家，有孩子，有事業，還有時間登山，做自己夢想的事。很多人都感慨我運氣好。

我想，當你看完這本書時，也許，你能看到我之所以運氣好的「另一面」——到底是什麼給了我那麼多？

每個人都有一座自己的山。

很多時候，前面雲霧繚繞，似乎沒有路。總想著過去試試看。

麥哲倫試過，找到了新航線；哥倫布試過，發現了新大陸；阿蒙森試過，到達了南極點；希拉里試過，登上了 8844 公尺；三浦雄一郎試過，八十歲就是四個二十歲……

我也想試試，是否能做到我所想？

雲端是否有真路？

此時此刻，我就想一個人靜靜地問問自己——雲端有路，我走到了哪裡？

品味地球 3026

靜靜的山

作　者──王靜
主　編──李筱婷
美術設計──賴佳韋
執行企劃──廖婉婷
董事長
總經理──趙政岷
出版者──時報文化出版企業股份有限公司
　　　　10803台北市和平西路三段二四○號三樓
　　　　發行專線──(○二)二三○六六八四二
　　　　讀者服務專線──○八○○二三一七○五
　　　　　　　　　　　(○二)二三○四七一○三
　　　　讀者服務傳真──(○二)二三○四六八五八
　　　　郵撥──一九三四四七二四時報文化出版公司
　　　　信箱──台北郵政七九~九九信箱
時報悅讀網──http://www.readingtimes.com.tw
電子郵箱──history@readingtimes.com.tw
法律顧問──理律法律事務所　陳長文律師、李念祖律師
印　刷──和楹印刷有限公司
初版一刷──二○一六年二月四日
定價──新台幣三八○元

行政院新聞局局版北市業字第八○號
版權所有　翻印必究
（缺頁或破損的書，請寄回更換）

國家圖書館出版品預行編目資料

靜靜的山/王靜著. -- 初版. -- 臺北市:時報文化, 2016.01
　　面；公分. -- (品味地球；3026)

　ISBN 978-957-13-6538-1(平裝)

　1.王靜　2.回憶錄　3.登山

782.887　　　　　　　　　　　　　　105000453

ISBN 978-957-13-6538-1
Printed in Taiwan